普通高等教育"十二五"规划教材

管理信息系统习题集

张 宁 主编

科学出版社
北京

内 容 简 介

本书是《管理信息系统》教材的配套习题集,共分为两大部分,一部分是教材里所涉及的知识点,另一部分是供学习者应用知识点和发散思维的案例分析。在知识点部分,遵循教材编写顺序,同样分为四大章节,依次为商业环境下的信息系统、信息技术基础设施、信息系统的商业领域应用、信息系统建设。每个章节的题型都涉及单项选择题、多项选择题、判断题和填空题。在案例分析部分,主要参考国内企业组织的应用情况,整理和编写了 19 个案例,每个案例后面都附有一定数量的问题,以便学习者作深度思考。

本书适合作为高等院校管理科学与工程及工商管理类专业的"管理信息系统"课程的参考用书。

图书在版编目(CIP)数据

管理信息系统习题集/张宁主编. —北京:科学出版社,2015.6
普通高等教育"十二五"规划教材
ISBN 978-7-03-044887-3

Ⅰ.①管… Ⅱ.①张… Ⅲ.①管理信息系统-高等学校-习题集
Ⅳ.①C931.6-44

中国版本图书馆 CIP 数据核字(2015)第 126842 号

责任编辑:兰 鹏 张 凯 / 责任校对:蒋 萍
责任印制:霍 兵 / 封面设计:蓝正设计

科学出版社 出版
北京东黄城根北街 16 号
邮政编码:100717
http://www.sciencep.com

三河市骏杰印刷有限公司 印刷
科学出版社发行 各地新华书店经销

*

2015 年 6 月第 一 版 开本:787×1092 1/16
2018 年 1 月第四次印刷 印张:8 3/4
字数:207 000
定价:25.00 元
(如有印装质量问题,我社负责调换)

编委会

主任委员

蔡绍洪　贵州财经大学　　　　　　　　　　　　　校长

副主任委员

徐大佑　贵州财经大学　　　　　　　　　　　　　副校长
胡华强　科学出版社　　　　　　　　　　　　　　副总经理

委员（按姓氏拼音排序）

岑燕坤　贵州民族大学管理学院　　　　　　　　　院长
董延安　贵州财经大学会计学院　　　　　　　　　院长
杜　滨　贵州大学管理学院　　　　　　　　　　　院长
范方志　贵州财经大学经济学院　　　　　　　　　院长
黄东兵　贵州财经大学管理科学与工程管理学院　　院长
黄　静　贵州财经大学财政与税收学院　　　　　　院长
江　能　贵州财经大学金融学院　　　　　　　　　副院长
吕　萍　贵州师范大学经济管理学院　　　　　　　院长
彭　刚　贵州民族大学商学院　　　　　　　　　　院长
王明亮　凯里学院经济管理学院　　　　　　　　　院长
王秀峰　贵州大学经济学院　　　　　　　　　　　院长
文静华　贵州财经大学信息学院　　　　　　　　　院长
肖良武　贵阳学院经济与管理科学学院　　　　　　主任
肖小虹　贵州财经大学工商管理学院　　　　　　　院长
杨华蔚　贵州财经大学数学与统计学院　　　　　　院长

前 言

顾名思义，本书是《管理信息系统》教材的配套习题集。编写本书的目的是满足高等院校信息管理与信息系统、管理科学与工程、工商管理专业学生，以及广大管理工作者和信息化建设者学习之用。

根据《管理信息系统》教材，本书共分为两大部分，一部分是教材里所涉及的知识点，另一部分是供学习者应用知识点和发散思维的案例分析。在知识点部分，遵循教材编写顺序，同样分为四大章节，依次为商业环境下的信息系统、信息技术基础设施、信息系统的商业领域应用、信息系统建设。每个章节的题型都涉及单项选择题、多项选择题、判断题和填空题。在案例分析部分，主要参考国内企业组织的应用情况，整理和编写了19个案例，每个案例后面都附有一定数量的问题，以便学习者作深度思考。

本书在组织上的一个重要特点就是既尊重教材的知识呈现，又注重学习者的思维发散和知识的深度应用，题型丰富，难度适中。

本书由张宁主编，曾筝、杨通国、刘向菊、陈琴、宋艳丽参编。曾筝负责编写商业环境下的信息系统；刘向菊、宋艳丽负责编写信息技术基础设施；陈琴、杨通国负责编写信息系统的商业领域应用；张宁负责编写信息系统建设及全书的统稿工作。

由于编者水平有限，书中难免有疏漏之处，敬请读者批评指正。

编　者
2015年5月

目 录

第一部分
商业环境下的信息系统 ·· 1
一、单项选择题 ·· 2
二、多项选择题 ·· 9
三、判断题 ··· 15
四、填空题 ··· 17
参考答案 ··· 21

第二部分
信息技术基础设施 ·· 23
一、单项选择题 ·· 24
二、多项选择题 ·· 30
三、判断题 ··· 35
四、填空题 ··· 37
参考答案 ··· 41

第三部分
信息系统的商业领域应用 ·· 43
一、单项选择题 ·· 45
二、多项选择题 ·· 54
三、判断题 ··· 62
四、填空题 ··· 65
参考答案 ··· 70

第四部分
信息系统建设 ··· 72
一、单项选择题 ·· 73
二、多项选择题 ·· 82

三、判断题 ······ 86
　　四、填空题 ······ 88
参考答案 ······ 92

案例

案例 01　联想：每年节省资金 6 亿元 ······ 94
案例 02　电子商务领域的电子结算技术 ······ 96
案例 03　医院信息系统 ······ 98
案例 04　艾瑞咨询的市场情报系统 ······ 100
案例 05　青岛啤酒集团的信息化建设 ······ 102
案例 06　江铃国际的管理信息系统 ······ 104
案例 07　百盛供应链管理 ······ 107
案例 08　布隆·巴松公司的 EDI 系统 ······ 108
案例 09　电子商务发展的里程碑——亚马逊 ······ 109
案例 10　橡果国际的商业智能应用 ······ 113
案例 11　广州白云电器设备厂建设 CIMS ······ 115
案例 12　集成化的财务信息管理 ······ 118
案例 13　企业网络营销 ······ 120
案例 14　济南一中成功实现校园信息化 ······ 122
案例 15　顺丰速运公司呼叫中心 ······ 124
案例 16　信息系统建设的 IT 规划 ······ 126
案例 17　信息系统整体项目管理 ······ 128
案例 18　A 公司信息化建设的问题出在哪里 ······ 129
案例 19　伦敦路透社信息产品的市场显示系统 ······ 132

第一部分

商业环境下的信息系统

当前的竞争格局，区别于传统的规模经济。"超级竞争"的观点是，持续优势是不存在的，只有打破现状才能获得一系列短暂优势。而影响 21 世纪竞争格局的因素主要就是技术进步和创新。由波特教授的"五力模型"可知，构建商业竞争优势主要有四大基本竞争策略，即产品差别化策略、市场定位差别化策略、与客户和供应商建立密切联系策略和成为低成本的生产者策略。信息技术能从提供差异化的产品和服务、侧重市场、与客户和供应商紧密相连及降低成本等四个方面对竞争策略产生影响，从而帮助企业赢得竞争优势。

新经济是指在经济全球化背景下，信息技术革命及由信息技术革命带动的、以高新科技产业为龙头的经济。信息技术的使用在极大程度上使新经济的进程加快。如今，全球信息化已成为发展趋势并渗透到各个产业，世界各国都在加强信息基础设施的建设。信息系统的深入应用给传统商业企业带来了无比深远和广泛的影响。数字化企业应运而生，并随着信息资源管理热潮的兴起而诞生了首席信息官（CIO）。信息系统改善了企业过程。信息技术通过信息交换网络渗透到了社会的各个领域，使世界越来越小，同时互联网的发展又使企业发展的空间无限扩展。由此，信息化给全球企业和商业环境都带来了新的机会和挑战。

数据是记录客观事物的抽象符号，而信息是根据一定的目的收集加工整理得到的具有某种使用价值的元素的总称，信息有八个属性。数据经过加工成为信息，信息经过深度挖掘和再分析，就会形成知识乃至智慧。信息有个人维度和组织维度之分，包括四个生命周期（要求、获得、服务、退出）。信息处理发展有六个阶段（收集、传输、加工、存储、维护、使用），信息涉及道德、安全和隐私，以及信息文化等问题。管理信息系统是一个不断发展的概念，具有五个特点和二维结构，在当代主要有技术、行为和社会-技术三个研究学派。

知识点

1. 超级竞争；
2. 波特的竞争战略"五力模型"；
3. 竞争优势和竞争策略；
4. 新经济的概念、新经济与传统经济的区别、信息技术对新经济的影响；
5. 信息化的概念和核心；
6. 信息系统对商业企业的影响；
7. 数字化企业；
8. CIO的概念、CIO应具备的素质；
9. 企业过程的概念和流程；
10. 信息化对当代企业发展的影响；
11. 信息技术与当代商业发展的关系；
12. 数据、信息、知识的定义和关系；
13. 信息的属性；
14. 信息的个人维度和组织维度；
15. 信息的生命周期和信息处理的过程；
16. 信息处理发展的阶段论；
17. 信息的道德、安全和隐私；
18. 信息文化；
19. 信息系统的概念、发展、学科方法、特点；
20. 信息系统的基本结构。

一、单项选择题

1. 信息系统是一门新型学科，它属于（　　）。
   A. 经济学科　　　　　　　　B. 计算机学科
   C. 工程学科　　　　　　　　D. 综合性、边缘性学科
2. 理查德·戴维尼于1994年提出了"超级竞争"观点，该观点指出，（　　）是不存在的，只有通过打破现状才能获得一系列短暂优势。
   A. 持续优势　　B. 竞争优势　　C. 超级管理　　D. 绝对优势
3. MIS的三个层次中，（　　）属于中层计划范围，它包括资源的获取与组织、人员的招聘与训练等。
   A. 战略管理　　B. 作业管理　　C. 管理控制　　D. 作业控制
4. 制定战略决策要大量依靠来自（　　）的信息。
   A. 管理层　　　B. 外部　　　　C. 作业层　　　D. 内部
5. 信息是管理上的一项极为重要的（　　）。
   A. 前提　　　　B. 资源　　　　C. 基础　　　　D. 工具

6. 信息可以从不同角度分类，按照重要性可以分为（　　）。
   A. 一次信息、二次信息、三次信息　　　　B. 管理信息、社会信息、科技信息
   C. 数字信息、图像信息、声音信息　　　　D. 战略信息、战术信息、作业信息
7. 管理工作的成败取决于能否作出有效的决策，而决策的正确度则在很大程度上取决于信息的（　　）。
   A. 大小　　　　　　B. 多少　　　　　　C. 质量　　　　　　D. 来源
8. 战略信息系统的目标是实现企业（　　）。
   A. 战术目标　　　　B. 财务目标　　　　C. 利润目标　　　　D. 战略目标
9. （　　）是指在经济全球化背景下，信息技术（IT）革命及由信息技术革命带动的、以高新科技产业为龙头的经济。
   A. 新经济　　　　　B. 资源经济　　　　C. 基础经济　　　　D. 数字经济
10. 如果说在工业经济时代，石油、钢铁、木材等资源是一个国家、社会和企业赖以生存发展的"命脉"的话，那么，在信息时代，（　　）则是一个国家、社会和企业经济发展的"生命线"。
    A. 信息化　　　　　B. 信息资源　　　　C. 信息基础　　　　D. 信息经济
11. 信息含量的大小是由消除（　　）程度来决定的。
    A. 不确定　　　　　B. 不可靠　　　　　C. 不真实　　　　　D. 不精确
12. 把信息技术作为实现企业战略目标和竞争武器的信息系统是（　　）。
    A. 管理信息系统　　B. 执行信息系统　　C. 战略信息系统　　D. 作业信息系统
13. 用于支持领导层决策的信息系统是（　　）。
    A. 专家系统　　　　　　　　　　　　　　B. 电子数据交换
    C. 经理信息系统　　　　　　　　　　　　D. 管理信息系统
14. 信息和数据的关系是（　　）。
    A. 信息是数据的载体　　　　　　　　　　B. 信息是数据的原材料
    C. 信息和数据的含义是相同的　　　　　　D. 数据是信息的表示形式
15. 不同管理层次的信息处理量差别很大，信息处理量最大的层次是（　　）。
    A. 管理控制层　　　B. 业务处理层　　　C. 战略计划层　　　D. 决策控制层
16. 以下决策问题中，结构化程度最高的是（　　）。
    A. 库存控制　　　　B. 厂址选择　　　　C. 长期预报　　　　D. 工资计算
17. 在信息系统的示意图中，信息系统最下层是（　　）。
    A. 财务子系统　　　　　　　　　　　　　B. 业务处理系统
    C. 决策支持系统　　　　　　　　　　　　D. 数据管理系统
18. 新闻记者常说"抢新闻"，这是指信息的（　　）。
    A. 事实性　　　　　B. 时效性　　　　　C. 价值性　　　　　D. 等级性
19. 高层信息系统的（　　）。
    A. 信息处理量较小、精度低、使用频率低
    B. 信息处理量较大、精度高、使用频率高
    C. 信息处理量较大、精度低、使用频率高

D. 信息处理量较小、精度高、使用频率低
20. 战略管理层的决策一般属于（　　）类型的决策问题。
   A. 结构化决策　　　　　　　　　　B. 结构化和半结构化决策
   C. 结构化和非结构化决策　　　　　D. 半结构化和非结构化决策
21. 信息流是物质流的（　　）。
   A. 定义　　　　B. 运动结果　　　　C. 表现和描述　　　　D. 假设
22. 以下信息系统中，信息处理量较大、精度高、使用频率高的系统是（　　）。
   A. 决策支持系统　　　　　　　　　B. 经理信息系统
   C. 业务处理系统　　　　　　　　　D. 战略信息系统
23. 信息系统是一个（　　）。
   A. 计算机系统　　B. 业务处理系统　　C. 人机系统　　D. 自然系统
24. 按事先规定要求提供各类报告，用来支持决策制定的信息系统是（　　）。
   A. 管理信息系统　B. 执行信息系统　　C. 战略信息系统　D. 信息报告系统
25. 在信息收集过程中正确地舍弃无用和次要的信息体现了信息的（　　）。
   A. 客观性　　　　B. 时效性　　　　　C. 不完全性　　　D. 价值性
26. 信息具有等级性，下面属于策略级的信息是（　　）。
   A. 库存管理信息　　　　　　　　　B. 产品投产
   C. 工资单　　　　　　　　　　　　D. 每天统计的产量数据
27. 利用大型数据库查阅文献所花费用是（　　）。
   A. 咨询劳务费的体现　　　　　　　B. 设备价值的体现
   C. 信息价值的体现　　　　　　　　D. 管理手续费体现
28. 在信息系统发展过程中，属于管理信息系统雏形的阶段是（　　）。
   A. DSS　　　　　B. EDPS　　　　　C. 信息报告系统　D. 战略信息系统
29. 低层的信息系统解决（　　）问题。
   A. 结构化　　　　　　　　　　　　B. 半结构化
   C. 非结构化　　　　　　　　　　　D. 半结构化和非结构化
30. 在库存控制问题中，确定安全库存量和订货次数，属于管理层次中的（　　）。
   A. 作业管理　　　B. 管理控制　　　　C. 战略管理　　　D. 库存管理
31. 下列决策问题中，非结构化程度最高的问题是（　　）。
   A. 奖金分配　　　B. 选择销售对象　　C. 厂址选择　　　D. 作业计划
32. 对于经济管理方面的信息来说，传递速度越快使用越及时，那么其（　　）。
   A. 等级性越低　　B. 时效性越强　　　C. 价值性越高　　D. 不完全性越强
33. "有了信息就有了一切"的说法是信息的（　　）属性的描述。
   A. 等级性　　　　B. 时效性　　　　　C. 价值性　　　　D. 转换性
34. 信息报告系统的特点是（　　）。
   A. 能提供决策时所需要的一切数据资料
   B. 按事先规定的要求提供管理报告
   C. 按随机输入的要求进行策略分析

D. 在决策过程中提供最佳选择方案
35. 大部分来自企业外部、精度低、使用寿命长的信息是（ ）。
   A. 管理信息　　　B. 业务信息　　　C. 战略信息　　　D. 基层信息
36. "知识就是力量"的说法是信息的（ ）属性的描述。
   A. 转换性　　　　B. 等级性　　　　C. 时效性　　　　D. 传播性
37. 知识、信息、数据三者的演进关系是（ ）。
   A. 数据→知识→信息　　　　　　　B. 信息→数据→知识
   C. 数据→信息→知识　　　　　　　D. 知识→信息→数据
38. 信息化的核心是（ ）。
   A. 信息基础设施　B. 信息资源　　　C. 信息设备　　　D. 信息网络
39. （ ）指信息及其载体，包括各种数据库、图书、资料、视频与音频磁带、光盘等。它有综合处理的能力，可帮助用户进行检索、查询信息。
   A. 信息价值　　　B. 信息资源　　　C. 信息经济　　　D. 信息化
40. 信息产业是信息经济发展的（ ）。
   A. 重要基础　　　B. 必然结果　　　C. 主要现象　　　D. 重要资源
41. 系统是为了达到某种目的而对一群单元作出有规律的安排，使之成为一个（ ）。
   A. 集中的联合体　B. 复杂的群体　　C. 综合的实体　　D. 有机的整体
42. 在管理信息系统的结构中，最下层是（ ）。
   A. 财务子系统　　　　　　　　　　B. 业务处理系统
   C. 生产子系统　　　　　　　　　　D. 数据管理系统
43. 在企业管理中，将企业生产经营效果直接与职工的经济收入挂钩，从而激励职工改善生产经营活动。这种管理控制属于（ ）。
   A. 前馈控制　　　B. 反馈控制　　　C. 行为控制　　　D. 成本控制
44. 某企业建立了生产、销售、人事等从基层到高层的 MIS，这种 MIS 的结构为（ ）。
   A. 职能结构　　　　　　　　　　　B. 横向综合结构
   C. 纵横的综合结构　　　　　　　　D. 纵向综合结构
45. 在工资系统中，水电费扣款一项，属于（ ）。
   A. 固定值信息　　B. 相对固定信息　C. 随机变动信息　D. 不变信息
46. 管理控制信息属于管理信息的（ ）。
   A. 战略级　　　　B. 策略级　　　　C. 作业级　　　　D. 操作级
47. 企业全面的综合管理信息系统结构是指（ ）。
   A. 将某管理职能的各阶段综合起来管理的结构
   B. 按现存的管理职能部门和结构来建立的管理信息系统结构
   C. 将企业上下各层次和同层各部门联系起来的管理信息系统结构
   D. 将整个系统划分为若干层次，然后在每个层次上建立各个功能子系统的结构

48. 某公司把库存物资出入库和出入库财务记账处理综合成一个应用子系统,这种子系统是将（　　）。
   A. 供销职能和生产职能关联在一起　　B. 供销职能和财务职能关联在一起
   C. 财务职能和生产职能关联在一起　　D. 供销职能和市场职能关联在一起

49. 在公路运输管理中,若车辆通过道路时是免费的,公路的建设、维护费用依靠税收和财政拨款,这种管理控制称（　　）。
   A. 反馈控制　　　B. 前馈控制　　　C. 输入控制　　　D. 运行控制

50. 技术密集型产品的制造成本中的主要成分是（　　）。
   A. 材料成本　　　B. 人力成本　　　C. 管理成本　　　D. 信息成本

51. 与计算机处理信息相比,人工处理信息的主要优点之一是（　　）。
   A. 速度快
   C. 处理信息量大
   B. 准确性高
   D. 对环境的适应性强

52. 业务处理系统的目标是（　　）。
   A. 监测和控制正在进行的生产过程
   B. 迅速、及时、正确地处理大量业务信息
   C. 迅速传递信息,加强各部门间的通信
   D. 综合利用信息,支持管理者作决策

53. 决策支持系统是在人和计算机交互的过程中帮助决策者（　　）。
   A. 整理各种信息,产生管理者所需要的可行性方案
   B. 掌握充分数据,使管理者提高决策效率
   C. 探索可能的方案,生产为管理者决策所需要的信息
   D. 比较各种决策工具,给管理者提供决策方法

54. 在计划信息管理中,最重要的是建立（　　）。
   A. 合理的指标体系　　　B. 完善的管理制度
   C. 正确的处理系统　　　D. 计划信息数据库

55. 决策支持系统中完成决策功能的核心部分是（　　）。
   A. 数据库子系统　　　B. 模型库子系统
   C. 方法库子系统　　　D. 人机对话子系统

56. 企业中的生产报表信息属于（　　）。
   A. 物理信息　　　B. 管理信息　　　C. 自然信息　　　D. 科技信息

57. 将同一层次上的几种功能的数据予以综合的信息系统结构属于（　　）。
   A. 横向结构　　　B. 纵向结构　　　C. 纵横结构　　　D. 网络结构

58. 一般认为驱动 DSS 的是（　　）。
   A. 数据　　　B. 模型　　　C. 知识　　　D. 方法

59. 二次信息收集的特点是（　　）。
   A. 从所描述的实体上直接取得　　　B. 从已记录的介质上取得
   C. 收集时进行严格校验　　　D. 可以做到不漏、不错和不误时

60. 供应链管理的最终目标是（　　）。
    A. 获得市场竞争优势　　　　　　　B. 广泛进行企业间的信息交流
    C. 便于企业之间协同合作　　　　　D. 给顾客提供满意的产品或服务
61. 执行层一般解决的是（　　）类型的问题。
    A. 结构化决策　　　　　　　　　　B. 结构化和半结构化决策
    C. 结构化和非结构化决策　　　　　D. 半结构化和非结构化决策
62. 信息化的目的是（　　）。
    A. 大力推广信息技术　　　　　　　B. 广泛利用信息资源
    C. 建立全国信息网络　　　　　　　D. 改进数据处理业务
63. 数据资料含有信息量大小的标志是（　　）。
    A. 数据记录的条数多少　　　　　　B. 消除人们认识的不确定性大小
    C. 输出信息表格的复杂程度　　　　D. 引起人们注意力的程度
64. 现代管理信息系统是（　　）。
    A. 计算机系统　　　　　　　　　　B. 手工管理系统
    C. 人和计算机等组成的系统　　　　D. 通信网络系统
65. 行驶中汽车里程表上的数字对于乘客来说是（　　）。
    A. 字段　　　　B. 记录　　　　C. 数据　　　　D. 文件
66. 战略规划应当具有（　　）。
    A. 精确性　　　B. 指令性　　　C. 可行性　　　D. 不可变更性
67. 信息系统对组织职能的支持包括人力资源组织和工作组织，其中工作组织方面主要是明确（　　）。
    A. 劳动分工　　B. 业务流程　　C. 岗位责任制　　D. 部门职能
68. 我国的"金卡工程"是指（　　）工程。
    A. 国家公用经济信息网　　　　　　B. 电子货币
    C. 国家外贸海关信息网　　　　　　D. 中国公用电子数据交换业务网
69. 以下属于人工系统的是（　　）。
    A. 地球生态系统　　　　　　　　　B. 动物的消化系统
    C. 管理信息系统　　　　　　　　　D. 生命系统
70. 从信息系统应用目的和效果来观察，信息系统可以分为不同的进化阶段。ERP是（　　）阶段的典型应用。
    A. 内部效率　　B. 外部效率　　C. 内部集成　　D. 外部集成
71. 系统与环境由系统的（　　）划分，在它之内称为系统，在它之外称为环境。
    A. 边界　　　　B. 输入　　　　C. 处理　　　　D. 输出
72. 信息的采集有三种方法。调查企业消费开支总额属于（　　）。
    A. 自下而上广泛收集　　　　　　　B. 随机积累
    C. 有目的专项收集　　　　　　　　D. 其他方法
73. 信息采集的三种方法中，人口普查属于（　　）。
    A. 自下而上广泛收集　　　　　　　B. 随机积累

C. 有目的专项收集　　　　　　　　D. 其他方法

74. 当前,信息使用的技术已相当先进,问题是如何将信息转化为价值。通过预测和决策支持的信息属于( )。
    A. 提高工作效率阶段　　　　　　B. 价值及时转化阶段
    C. 寻找机会阶段　　　　　　　　D. 非上述阶段

75. 系统的目标应阐明( )。
    A. 目标内容、实现方法及可测的量度　　B. 要实现的盈亏平衡点
    C. 争取实现的利润最高点　　　　D. 实现成本最低点

76. 信息加工中的所谓"预加工"是指( )。
    A. 对信息进行滤波和简单整理　　B. 对信息进行分析概括综合
    C. 通过应用数学模型统计推断　　D. 按数量大小进行排序

77. 根据信息源的属性,来自于本单位内部的信息是( )。
    A. 直接信息　　B. 二次信息　　C. 内源信息　　D. 外源信息

78. 诺兰阶段模型的第一个阶段是( )。
    A. 控制　　　　B. 整体化　　　C. 扩展　　　　D. 初装

79. CIO 指的是企业中的( )。
    A. 首席财务官　B. 首席行政官　C. 首席信息官　D. 财务总监

80. 根据信息的深化使用程度,把信息系统的发展划分为计算机时代和信息时代。计算机时代是指( )三个阶段。
    A. 扩展、整体化、数据管理　　　B. 整体化、数据管理、信息管理
    C. 初装、扩展、信息管理　　　　D. 初装、蔓延、控制

81. 衡量信息的价值时,通过衡量使用效果的方法所得到的价值是信息的( )。
    A. 内在价值　　B. 真实价值　　C. 成本价值　　D. 外延价值

82. 以下关于信息和数据的关系,错误的是( )。
    A. 数据是原料　　　　　　　　　B. 信息是产品
    C. 信息和数据不可以相互转换
    D. 信息是数据经过加工处理后的结果

83. ( )是信息的第一属性也是信息的基本性质,体现了信息的中心价值。
    A. 事实性　　　B. 等级性　　　C. 可压缩性　　D. 扩散性

84. 信息论的创始人是( )。
    A. 维纳　　　　B. 香农　　　　C. 劳登　　　　D. 法约尔

85. "广告部署"属于( )决策。
    A. 结构化　　　B. 非结构化　　C. 半结构化　　D. 信息化

86. 关于物流与信息流的关系,错误的说法是( )。
    A. 物流对信息流具有控制作用　　B. 信息流随着物流的产生而产生
    C. 信息流反映了物流的状态　　　D. 物流是单向而不可逆的

87. 不属于以信息的记录符号为依据的信息分类是( )。
    A. 军事信息　　B. 文字信息　　C. 数据信息　　D. 图像信息

88. 对信息系统比较全面的认识是：信息系统既是一个技术系统，又是一个（   ）。
    A. 网络系统   B. 计算机系统   C. 社会系统   D. 知识系统
89. 信息化的概念起源于（   ）。
    A. 美国   B. 德国   C. 中国   D. 日本
90. 信息产业化和产业信息化属于（   ）。
    A. 工业信息化   B. 经济信息化   C. 政府信息化   D. 企业信息化
91. 以下受信息技术影响最大的行业是（   ）。
    A. 金融服务   B. 电子产品   C. 汽车和工程产品 D. 运输物流
92. 在知识的阶层图中，（   ）位于最上层。
    A. 数据   B. 信息   C. 知识   D. 智慧
93. 战略、目标和指令是向（   ）流动的信息。
    A. 上   B. 下   C. 内   D. 外
94. 组织中最高层处理的都是（   ）信息。
    A. 细粒度   B. 高粒度   C. 粗粒度   D. 低粒度
95. 职工考勤信息是（   ）信息。
    A. 执行级   B. 战术级   C. 管理级   D. 战略级
96. 信息生命周期的四个阶段是（   ）。
    A. 要求→产生→获得→退出   B. 产生→要求→获得→服务
    C. 产生→获得→服务→退出   D. 要求→获得→服务→退出
97. 20世纪90年代以来，决策支持系统与人工智能、计算机网络技术等综合形成了（   ）。
    A. IDSS   B. EDPS   C. EIS   D. EDI
98. 电子商务处理系统的简称是（   ）。
    A. EDPS   B. EBPS   C. CIMS   D. ERP
99. 以下信息的表达方式中，（   ）能够给人确切的总数和精确的个别项目比较。
    A. 文字   B. 数字   C. 表格   D. 图形
100. Purser&Pasmore将（   ）定义为："用以制定决策的事实、模式、基模、概念、意见及直觉的集合体。"
    A. 信息   B. 数字   C. 智慧   D. 知识

二、多项选择题

1. 作业级信息的特点是（   ）。
   A. 大部分来自内部   B. 信息的精度高
   C. 使用寿命短   D. 使用寿命长
   E. 信息精度低
2. 有关信息的说法，错误的是（   ）。
   A. 信息是一些记录下来的符号，本身没有意义
   B. 信息仅有事实性、客观性、层次性三个特性

C. 信息是人类思维活动的结果

D. 信息是可以通信的

3. 以下叙述正确的是（　　　　）。

A. IS 是一个计算机化的系统，不包括人工处理的部分

B. 企业实现 IS，应有自己的计算机应用队伍

C. IS 正在朝自适应、自学习的方向发展

D. 随着 IS 的发展，企业对高新技术人员的需求不断增加

4. 金字塔形信息系统结构是由三个层次组成的，它们是（　　　　）。

A. 战略计划　　　　B. 用户终端　　　　C. 管理控制　　　　D. 主控程序

E. 业务处理

5. 造成超级竞争环境和 21 世纪的竞争格局的因素主要是（　　　　）。

A. 经济全球化　　　B. 技术进步　　　　C. Internet　　　　D. 管理信息系统

6. 以下各点中，（　　　　）是诺兰阶段模型中提出的信息系统发展的阶段之一。

A. 初装　　　　　　B. 扩展　　　　　　C. 成长　　　　　　D. 成熟

7. 在信息中，战略信息的特征不包括（　　　　）。

A. 大部分数据来自外部　　　　　　B. 精度高

C. 经常重复　　　　　　　　　　　D. 使用寿命短

8. 技术进步对竞争的影响主要表现在（　　　　）。

A. 技术进步加速　　　　　　　　　B. 技术扩散加速

C. 知识密集度增加　　　　　　　　D. 知识转化加速

9. 中层的管理信息系统的功能包括（　　　　）。

A. 数据处理　　　　B. 提供管理　　　　C. 辅助决策　　　　D. 过程控制

10. 信息系统可以在管理的多个层次上支持控制，这些层次包括（　　　　）。

A. 作业控制　　　　　　　　　　　B. 管理控制

C. 决策控制　　　　　　　　　　　D. 战略计划和控制

11. 信息系统的特点包括（　　　　）。

A. 采用数据库　　　　　　　　　　B. 无须数学模型

C. 有预测和控制功能　　　　　　　D. 面向决策

12. 以下叙述正确的是（　　　　）。

A. 输入的信息是垃圾，则输出的信息也是垃圾

B. 领导的重视和参与是信息系统成功的先决条件

C. 企业信息部部长必须由企业总经理担任

D. 企业建立信息系统要求管理方法科学化

13. 人类社会发展的三大资源是（　　　　）。

A. 粮食　　　　　　B. 石油　　　　　　C. 能源　　　　　　D. 物质

E. 信息

14. 管理信息系统的特点是（　　　　）。

A. 数据分散　　　　　　　　　　　B. 应用数学模型

C. 有预测和控制能力 D. 面向管理和决策

E. 数据集中统一

15. 信息资源包括（　　　　）。
    A. 货币 B. 信息 C. 信息载体 D. 信息技术
    E. 信息生产者

16. 对控制职能起着举足轻重作用的是信息的（　　　　）。
    A. 充分 B. 准确 C. 简洁 D. 效果
    E. 及时传递

17. 下面关于管理信息正确的描述是（　　　　）。
    A. 管理信息是主要资源和决策基础
    B. 管理信息的流动是生产经营活动中的主体流动
    C. 管理信息是实施管理控制的依据
    D. 管理信息是系统内外联系的纽带

18. 下列属于 ERP 特点的是（　　　　）。
    A. 局限于加工制造业 B. 面向供应链的信息集成
    C. 适用于不同类型企业 D. 结合企业业务流程重组

19. 关于管理信息的叙述，不正确的是（　　　　）。
    A. 只有用计算机后才能产生管理信息
    B. 管理信息都是为高层领导提供决策支持的
    C. 管理信息是管理数据加工的结果
    D. 管理信息没有时间性

20. 作业信息系统包括（　　　　）。
    A. 业务处理系统 B. 过程控制系统 C. TPS D. DSS

21. 针对波特"五力模型"中提到的企业在竞争中面临的五个威胁，可以应对的基本竞争策略有（　　　　）。
    A. 产品差别化策略 B. 市场定位差别化策略
    C. 与客户建立密切联系 D. 成为低成本的生产者策略
    E. 与供应商建立密切联系

22. 下列属于系统特性的是（　　　　）。
    A. 对称性 B. 目标性 C. 动态性 D. 相关性

23. 管理的要素包括（　　　　）。
    A. 组织 B. 指挥 C. 协调 D. 控制
    E. 计划

24. 管理者管理的主要资源有（　　　　）。
    A. 人力资源 B. 原材料资源 C. 机器资源（包括设备和能源）
    D. 资金资源 E. 信息资源

25. 三星集团在发展的过程中，主要采取的战略有（　　　　）。
    A. 创新战略 B. 品牌战略 C. 供应链战略 D. 多元化战略

E. 差异化战略

26. 新经济的特点主要有（　　　　）。
    A. 低失业　　　　B. 产品差别化　　　C. 低通货膨胀　　　D. 低财政赤字
    E. 高增长

27. 管理是分级的，信息也是分级的，一般分为（　　　　）。
    A. 战略级　　　　B. 领导级　　　　C. 策略级　　　　D. 作业级

28. 识别在什么地方信息系统能为组织找到战略机会、提供竞争优势的两个最著名分析工具是（　　　　）。
    A. 外部竞争威胁模型　　　　B. 运筹学模型
    C. 数学模型　　　　　　　　D. 价值链模型

29. 信息采集的方法有（　　　　）。
    A. 自下而上的广泛收集　　　B. 有目的的专项调查
    C. 随机积累　　D. 普查法　　E. 问询法

30. 信息的维数一般分为（　　　　）。
    A. 阶段维数　　B. 空间维数　　C. 层次维数　　D. 来源维数

31. 信息一般使用（　　　　）方式表达。
    A. 文字　　　　B. 数字　　　　C. 计算机　　　　D. 图像

32. 信息维护的目的是保证信息的（　　　　）。
    A. 准确　　　　B. 及时　　　　C. 安全　　　　D. 实用
    E. 保密

33. 信息系统的基本功能包括（　　　　）。
    A. 输入　　　　B. 输出　　　　C. 处理　　　　D. 反馈
    E. 控制

34. 以下关于新经济的叙述，正确的是（　　　　）。
    A. 新经济是"持续、快速、健康"发展的经济
    B. 新经济靠大规模、大批量生产来实现利润
    C. 新经济企业价值是按算数级速度增长的
    D. 新经济企业价值动力资源可以自由获取，且极为丰富
    E. 新经济的企业竞争是简单透明的开放系统

35. 信息加工分为（　　　　）。
    A. 预加工　　　B. 深加工　　　C. 业务处理　　　D. 决策处理

36. 信息使用从深度上分为（　　　　）等几个阶段。
    A. 提高效率　　B. 及时转化价值　　C. 寻找机会　　D. 决策处理

37. 信息生命周期包含（　　　　）阶段。
    A. 要求　　　　B. 获得　　　　C. 服务　　　　D. 退出
    E. 成长

38. 信息技术对新经济的影响主要有（　　　　）。
    A. 信息化加快了资本的全球流动

B. 信息化提高了各国的国际竞争力

C. 信息化提高了产品的价值

D. 信息化推动了全球性的产业结构调整

E. 信息化刺激了各国产业的优化升级

39. 信息基础设施包括（　　　　）。
    A. 信息网络　　　B. 信息资源　　　C. 信息人员　　　D. 应用信息系统
    E. 信息服务

40. 以下属于产业信息化的是（　　　　）。
    A. 企业信息化　　B. 农业信息化　　C. 制造业信息化　D. 工业信息化
    E. 商业信息化

41. "三金"工程包括（　　　　）。
    A. 金桥工程　　　B. 金企工程　　　C. 金卡工程　　　D. 金网工程
    E. 金关工程

42. 以下关于戴尔管理模式的叙述，正确的是（　　　　）。
    A. 在管理中成功地运用了计算机通信和网络技术
    B. 采取直接面对每一客户按订单生产的营销方式
    C. 提高产品的价值
    D. 运作成本低
    E. 实行在线采购系统等管理方式

43. CIO 应该具备的素质包括（　　　　）。
    A. 管理经验　　　B. 技术才能　　　C. 经营头脑　　　D. 信息素养
    E. 表达能力

44. 以下关于企业过程的叙述，正确的是（　　　　）。
    A. 企业过程就是组织工作、协调工作，以及产生一个有价值的产品或服务的方法
    B. 企业过程基于过时的工作方式，则无利于企业的责任和效率
    C. 雇佣一个雇员属于企业过程
    D. 企业过程仅限于同一职能部门
    E. 企业过程是具体的材料、信息和知识工作流，它是相关活动和决策的集合

45. 企业过程包含的流程一般有（　　　　）。
    A. 组织流程　　　B. 企业流程　　　C. 管理流程　　　D. 信息流程
    E. 运作流程

46. 人在信息处理上的特点包括（　　　　）。
    A. 速度慢　　　　B. 灵活程度高　　C. 可靠性高　　　D. 决策能力强
    E. 信息容量大

47. 在新的竞争商业环境下，现代企业呈现虚拟和动态的特点，业务过程也发生了一些实质性的变化，涌现的新特征有（　　　　）。
    A. 协同性　　　　B. 动态性　　　　C. 可靠性　　　　D. 分布性
    E. 复杂性

48. 信息系统从组织的功能领域进行分类的话，可将其分为（　　　　）。
    A. 知识处理层系统　　　　　　　　B. 管理控制层系统
    C. 销售和营销信息系统　　　　　　D. 生产和制造信息系统
    E. 财会信息系统

49. 在信息处理中，计算机的长处有（　　　　）。
    A. 处理速度快　　B. 灵活程度高　　C. 效率稳定性好　　D. 出错少
    E. 可靠性高

50. 以下关于信息技术和现代商业关系的描述，正确的是（　　　　）。
    A. 现代商业决定了信息技术的发展　　B. 信息技术是现代商业的发展源泉
    C. 商业决策是信息技术的基础　　　　D. 信息技术扩展了商业范围
    E. 信息技术实现了高效率管理

51. 自动化的设计和生产系统包括（　　　　）。
    A. CAD　　　　　B. TPS　　　　　C. DSS　　　　　D. EIS
    E. CAM

52. 组织面临的外部威胁和机会包括（　　　　）。
    A. 潜在新进入者的威胁　　　　　　B. 替代性产品和服务的压力
    C. 供应商讨价还价的实力　　　　　D. 购买者讨价还价的实力
    E. 行业内现有企业的竞争

53. 以下关于知识的描述中，正确的是（　　　　）。
    A. 知识是信息的来源
    B. 知识是从人类活动中所获取的真理、原则、思想及资讯
    C. 知识是一种多元的概念，具有多层次的意义
    D. 决策离不开知识处理
    E. 专家的独特见解不是知识

54. MIS 的三个理论来源是（　　　　）。
    A. 管理　　　　　B. 计算机科学　　C. 信息　　　　　D. 系统理论
    E. 数学

55. 信息的组织维度包括（　　　　）。
    A. 信息的流动　　B. 信息的粒度　　C. 信息描述的内容　　D. 信息的形式
    E. 信息的作用

56. 以下关于信息粒度的描述，正确的是（　　　　）。
    A. 粗粒度信息是指高度概括的信息
    B. 粗粒度信息是非常具体的信息
    C. 年销售量是粗粒度信息
    D. 组织中最高层处理的都是细粒度信息
    E. 交易发生的时间是粗粒度信息

57. 信道的形式一般分为（　　　　）。
    A. 有线　　　　　B. 无线　　　　　C. 电话线　　　　D. 专线

E. 公用线

58. 信息时代的道德范畴主要体现在（   ）。
   A. 信息权利和义务的问题   B. 财产权利
   C. 责任和控制   D. 系统质量
   E. 生活质量

59. 信息系统对组织中职权关系的改变，主要体现在（   ）。
   A. 信息技术部门地位提升
   B. 中层管理人员在组织中的影响力和地位日益下降
   C. 强化了高级管理层的控制手段
   D. 普通办公人员优越感增强

60. 目前对管理信息系统的研究主要分为以下学派（   ）。
   A. 管理学派   B. 技术学派   C. 信息学派   D. 行为学派
   E. 社会-技术学派

三、判断题

1. 信息和数据在不同场合可以相互转换。（   ）
2. 计算机只是信息系统的一种工具。（   ）
3. 维纳是控制论的创始人。（   ）
4. 决策支持系统是代替人们的认识决策过程。（   ）
5. 员工档案系统不属于TPS。（   ）
6. KWS是支持知识工作者工作的系统。（   ）
7. 信息储存和数据储存应用的设备是相同的。（   ）
8. 外部威胁和机会模型中，组织面临的外部威胁只有新入市者的威胁。（   ）
9. 诺兰将信息系统的成长过程划分为五个不同阶段。（   ）
10. 知识（信息、情报、经验等）是技术及技术应用的基础。（   ）
11. MRP首次借助计算机将生产计划与原料库存信息结合在一起。（   ）
12. 管理信息系统是管理科学的一个分支学科。（   ）
13. 管理信息系统仅是一个技术系统。（   ）
14. 信息流是物流、资金流、事物流控制的依据和基础。（   ）
15. 信息的分享没有直接的损失，但可能造成间接的损失。（   ）
16. 对使用信息的企业，应使用信息的内在价值衡量信息或信息系统是否合用。（   ）
17. 管理信息系统主要用于日常事务管理，而非面向管理决策。（   ）
18. 信息产品的研发成本很高，边际成本也很高。（   ）
19. 新经济企业价值动力资源不易获取，但极为丰富。（   ）
20. "新经济"与信息技术之间关系紧密。（   ）
21. 数据库属于信息基础设施中的信息设备。（   ）
22. 基础设施信息化包含水电气服务信息化。（   ）
23. 信息技术对传统产业管理理论的影响只表现在柔性的管理思想方面。（   ）

24. 企业的组织结构由扁平式向"金字塔"式发展。（　　）
25. 信息永远都有使用价值。（　　）
26. 信息化是指各企业的信息化。（　　）
27. 信息产业化和产业信息化是不同的概念。（　　）
28. 信息人员即提供信息与服务的专业人员。（　　）
29. 信息系统在组织内的应用与管理者的决策无关。（　　）
30. 信息流是单向流动的，没有可逆性。（　　）
31. 组织可以影响 MIS，但 MIS 不能影响组织。（　　）
32. 用计算机作信息处理器时，修改容易。（　　）
33. 从"量变产生质变"可看出信息具有扩散性。（　　）
34. 信息为不确定性的减少。（　　）
35. 信息是一种可以通信的知识。（　　）
36. 关系到企业业务运作的信息是战略级信息。（　　）
37. 战略级信息的加工方法比较固定。（　　）
38. 知识首先需要具备立马可以指导实践、行动的作用。（　　）
39. "没有不透风的墙"说明了信息具有传输性。（　　）
40. 信息的分享性有利于信息成为企业的资源。（　　）
41. 自下而上的广泛收集信息法一般服务于多种目标。（　　）
42. 利用图形表达信息适于作趋势分析。（　　）
43. 我们可以将信息的滞后性降为零。（　　）
44. 信息加工中的决策处理是对信息进行分析、概括综合，能产生辅助决策的信息。
（　　）
45. 信息存储不需要考虑经济性。（　　）
46. 只有正确地舍弃信息，才能正确地使用信息。（　　）
47. 信息可以转换为物质。（　　）
48. 管理信息系统对社会没有负面影响。（　　）
49. "三金工程"是我国信息基础设施建设的开端。（　　）
50. 对于经济管理方面的信息来说，传递速度越快、使用越及时，那么其等级性越低。
（　　）
51. 战略层信息系统就是战略信息系统。（　　）
52. 信息系统是一门新型学科，它属于工程学科。（　　）
53. 信息是一些记录下来的符号，本身没有意义。（　　）
54. 金农工程属于我国信息化建设的"三金"工程之一。（　　）
55. IT 的发展促进了信息系统的发展。（　　）
56. 没有计算机就没有管理信息系统。（　　）
57. 人能处理的信息是结构化的。（　　）
58. 在信息处理中，计算机的决策能力强，信息容量大。（　　）
59. 建立信息系统需要的是业务人员积极性高，而不需要领导的重视。（　　）

60. 同一个数据，无论如何处理，获得信息的价值都是相同的。（　　）
61. 信息技术本身并不是竞争优势。（　　）

四、填空题

1. 互联网技术本身几乎不具有（　　　　），许多成功的公司不是把互联网的形成同已经存在的职能分离开来，而是把互联网技术作为传统竞争方式的补充。
2. 系统集成是要实现系统的目标，目标即系统的总效益（　　　　）各部件效益之和。
3. 信息系统包括（　　　　）和信息传输系统两个方面。
4. 数据经过处理，仍然是数据，只有经过（　　　　）才有意义，才成为信息。
5. （　　　　）是信息的中心价值，不符合事实的信息不仅不能使人增加任何知识，而且有害。
6. 信息系统对管理职能的支持，归根到底是对（　　　　）的支持。
7. EDPS、MIS 和 OA 技术在商业中的应用已发展成为（　　　　）。
8. （　　　　）学派强调以基于数学的规范化模式去研究信息系统，其中涉及比较多的内容包括计算机科学、管理科学和运筹学。
9. 所谓（　　　　），即是组织的产品和服务给予客户和竞争对手所无法提供的最大增加值，或者表现为一种能使组织受益的内部系统，而这是竞争对手所不具备的。
10. 长期的成功需要（　　　　），不断地去创造、毁灭又再造短期优势。
11. 全国教育科研计算机信息网络系统简称（　　　　）工程。
12. 企业班组中每天的产量、考勤等基层业务信息称（　　　　）级信息。
13. （　　　　）是指个人用来指导他们行为对和错的准则。
14. 信息可由（　　　　）进行识别、系统分析员亲自观察识别两种方法。
15. 处理问题要有全局观点，体现了系统的（　　　　）性。
16. 常用的信息储存设备有纸、胶卷、（　　　　）。
17. 所谓（　　　　），指的是管理职位所固有的发布命令和希望命令得到执行的一种权力。
18. 造成超级竞争环境和 21 世纪的竞争格局的因素多种多样，这当中，两大主要因素是全球经济的出现和（　　　　）进步。
19. 全国企业生产与流通信息系统简称（　　　　）工程。
20. 决策支持系统与（　　　　）、计算机网络技术等综合形成了智能型决策支持系统和群组决策支持系统。
21. 信息可进行浓缩、集中、概括及综合，而不至于丢失其本质，说明信息具有（　　　　）性。
22. 信息传输包括传送和（　　　　）两个过程。
23. 由现场直接采集而获得的信息，称作（　　　　）信息。
24. （　　　　）信息是各种文件和数据库中存储的信息。
25. （　　　　）传输是利用电台、微波及卫星技术等进行传输。

26. 信息系统的发展经历了（　　　　）、蔓延、控制、集成、数据管理和成熟等阶段。
27. （　　　　）就是一种风险投资的经济，它要求经营决策者既能够敏锐地把握最具经济价值的科技方向，引导和创造潮流，又要深谙市场运行规律，找准市场和技术的最佳结合点。
28. 全球环境下，许多企业纷纷在企业总投资中，加大了对（　　　　）的投资，包括硬件、软件和通信设备等。
29. 随着新经济时代的到来和经济全球化步伐的加快，技术进步和（　　　　）正成为经济发展的原动力，同时也极大程度地影响了竞争格局。
30. 在21世纪的竞争格局下，（　　　　）是一项关键的组织资源，并且越来越成为战略优势的重要来源。
31. （　　　　）的任务是通过有效地控制好人、财、物等资源来实现组织的目标。
32. （　　　　）替代指的是能起到相同作用的产品非直接地取代另外一些产品。
33. 人们通过获得（　　　　）来认识事物、区别事物和改造事物的。
34. 信息系统经历了从数据处理向（　　　　）处理发展的过程。
35. 信息系统是一个以（　　　　）为主导，利用计算机硬件、软件、网络通信设备及其他办公设备，进行信息的收集、传输、加工、储存、更新和维护，以企业战略竞优、提高效益和效率为目的，支持企业高层决策、中层控制、基层运作的集成化的人机系统。
36. 信息是经过加工后的数据，它对接受者的行为产生影响，对接受者的决策或行为有现实或潜在的（　　　　）。
37. 数据是一组表示数量、行动和目标的非随机的可鉴别的（　　　　）。
38. （　　　　）是由相互联系、相互制约的若干组成部分（部件）结合成的、具有特定功能（某种目的）的有机整体。
39. 产业（　　　　）上每一个环节，都具有双重身份，对其上游单位，它是购买者，对其下游单位，它是供应者。
40. （　　　　）是测量实际和计划的偏差并采取校正行动的过程。
41. （　　　　）学派一方面强调任何信息系统都是为组织或个人服务的，必须从组织和个人的实际需要出发进行技术的设计和应用，而另一方面，组织和个人又必须不断学习和接受培训，以充分发挥新技术的作用和优势。
42. （　　　　）是为了某种目标，应用一切思想、理论和方法去合理地计划、组织、指挥、协调和控制他人，调度各种资源，以求最小的投入去获得最好或最大的产出。
43. 戴尔的成功很大程度上归功于现代物流和现代（　　　　）相结合，创造了通畅的物流和信息流，以此为支撑，才使戴尔直销业务模式能够有效运转。
44. 保持信息处于合用状态叫信息的（　　　　）。
45. （　　　　）是在经济和社会活动中，通过普遍采用信息技术，有效地开发和利用信息资源，推动经济发展和社会进步，使利用信息资源而创造的价值上升，直到在国民经济中占有主导地位的过程。

46. 信息基础设施是由通信（　　　）、计算机、数据库、日用电子设备及服务人员组成的，能随时给用户提供大量的有效信息。
47. 信息管理包括有关的（　　　），相应的法规、制度、协议、标准等。
48. （　　　）子系统包括人员的录用、培训、考核记录、工资和终止聘用等。
49. 组织最底层产生的交易信息在信息的向上流动过程中相互整合，从而具有（　　　）粒度特征。
50. （　　　）是一系列权利、责任和义务的集合，这些元素随时间的推移通过矛盾及矛盾的解决而达到平衡。
51. （　　　）是人们为达到一定目的而进行的有意识、有选择的活动。
52. 20世纪60年代中期，IBM公司的约瑟夫·奥利佛博士提出（　　　）概念，首次借助计算机将生产计划与原料库存信息结合在一起，信息化概念才成形并为汽车制造业所接受。
53. 数据加工以后成为预信息或统计信息，统计信息再经过加工才成为信息。信息使用才能产生决策，有决策才有结果。每种转换均需要时间，因而不可避免地产生时间延迟，这即信息的（　　　）性。
54. 衡量信息的价值时，按所花的社会必要劳动量计算得到的价值是信息的（　　　）价值。
55. 在MIS中应将（　　　）转变加工为信息才有意义。
56. 国家对外经济贸易信息网工程的简称是（　　　）工程。
57. MIS最重要的特征是（　　　）。
58. 管理信息系统专业的目标职业是（　　　）。
59. （　　　），将基层业务人员从大量重复的、烦琐的数据处理中解脱出来，提高了运作效率和运作质量。
60. 每一种基本（　　　）在创造和保持竞争优势方面都有不同的途径，它将企业寻求竞争优势的类型和战略目标的空间结合起来。
61. （　　　）伙伴为了共赢而合作是现代企业的一个标志性特点。
62. 信息系统能够帮助我们提供比竞争对手更好的产品或服务，更准确地把握市场需求，更有效地降低成本，从而使我们及我们的组织获得并保持（　　　）。
63. （　　　）是指在经济全球化背景下，信息技术革命及由信息技术革命带动的以高新科技产业为龙头的经济。
64. （　　　）的使用极大程度地促使了新经济的进程。
65. 信息技术以其特有的高度的扩散性、知识性和增值性，迅速而成倍地提高（　　　）。
66. 信息化推动了全球性的产业（　　　）调整。
67. 信息化不仅能够促使专业化分工与合作、形成规模经济，还有助于实现企业（　　　）创新。
68. 企业过程时常跨越不同的（　　　），要求跨部门的协调。

69. （　　　　）是指逻辑上相关的任务和行为的集合，组织按时间顺序通过企业过程产生特殊的结果，组织和协调这些活动具有的独特的方法。

70. （　　　　）是负责制定公司信息政策、标准，并对全公司的信息资源进行管理控制的高级行政官员。

71. 企业（　　　　）信息往往用于确定新产品投产、停产、新厂址选择和开拓新市场等。

72. （　　　）信息必须依赖外单位，只能从可得到的信息中提取所需的信息。

73. 数字化企业将（　　　　）看作是一种宝贵的资源。

74. （　　　　）包括各种计算机及外围设备、传输设备等。

75. 中国企业信息化成熟度主要受信息技术应用状态、应用范围和（　　　　）三方面的影响。

76. 企业信息化建设已从过去单纯的部门级应用逐步过渡到（　　　　）应用。

77. 信息技术应用改变企业（　　　　）的状况，大量的企业环境信息、政策信息、经营信息、财务会计信息、作业信息集中存储在企业数据库系统内，并不断被实时更新。

78. 信息技术对传统产业管理理论的影响主要表现为企业业务流程再造的设想和（　　　）的管理思想。

79. （　　　　）是对飞速发展并被各个行业广泛应用的数字技术的高度概括和抽象表述，是指将信息技术应用到实际中，使信息交换和保存更加便利、快捷。

80. 一个（　　　　），它和顾客、供应商、雇员等所有的商业关系几乎全可以或借助数字化完成。

81. （　　　）包括针对具体问题拟订各种方案、评价方案并在权衡各种方案的基础上选择方案等环节。

82. （　　　）是知识阶层中最底层也是最基础的一个概念。

83. 信息的（　　　　）维度包括两方面：一方面是在人们需要时及时获得信息；另一方面是所得到的信息与人们正在做的事情相关。

84. 信息的（　　　　）维度阐述了信息的便利性，即不管人们在哪里，都能够获得信息。

85. 信息的（　　　　）维度包括两方面：一是以最适当的形式提供的信息；二是信息的准确性。

86. 信息的（　　　　）维度包括信息的流动、信息的粒度、信息描述的内容及信息是如何被使用的等内容。

87. （　　　）管理层负责为组织提供整体的战略和指导。

88. （　　　）流动的信息介于各职能业务部门和工作小组之间。

89. 信息（　　　　）指的是信息详尽的程度。

参考答案

一、单项选择题

1. D	2. A	3. C	4. B	5. B	6. D	7. C	8. D	9. A	10. B
11. A	12. C	13. C	14. D	15. B	16. D	17. B	18. B	19. A	20. D
21. C	22. C	23. C	24. D	25. C	26. A	27. C	28. C	29. A	30. B
31. B	32. B	33. D	34. B	35. C	36. A	37. C	38. A	39. B	40. A
41. D	42. B	43. B	44. C	45. C	46. B	47. C	48. C	49. B	50. D
51. D	52. B	53. C	54. C	55. B	56. B	57. A	58. B	59. B	60. A
61. A	62. B	63. B	64. C	65. C	66. C	67. B	68. B	69. C	70. D
71. A	72. C	73. C	74. C	75. A	76. A	77. C	78. D	79. C	80. D
81. D	82. C	83. A	84. B	85. B	86. A	87. A	88. C	89. D	90. B
91. A	92. D	93. B	94. C	95. A	96. D	97. A	98. B	99. C	100. D

二、多项选择题

1. ABC	2. ABC	3. BCD	4. ACE	5. AB	6. ABD
7. BCD	8. ABC	9. ABC	10. ABD	11. ACD	12. ABD
13. CDE	14. BCDE	15. BC	16. ABE	17. ABC	18. BCD
19. ABD	20. ABC	21. ABCDE	22. BCD	23. ABCDE	24. ABCDE
25. ABDE	26. ACDE	27. ACD	28. AD	29. ABC	30. ACD
31. ABD	32. ABCE	33. ABCDE	34. ADE	35. ACD	36. ABC
37. ABCD	38. ABDE	39. ABCD	40. BCDE	41. ACE	42. ABDE
43. ABCDE	44. ABDE	45. CDE	46. ABD	47. ABDE	48. CDE
49. ACDE	50. BDE	51. AE	52. ABCDE	53. BCD	54. ACD
55. ABC	56. AC	57. AB	58. ABCDE	59. BC	60. BDE

三、判断题

1. T	2. T	3. T	4. F	5. F	6. T	7. T	8. F	9. F	10. T
11. T	12. F	13. F	14. T	15. T	16. F	17. F	18. F	19. F	20. T
21. F	22. F	23. F	24. F	25. F	26. F	27. T	28. F	29. F	30. F
31. F	32. F	33. F	34. T	35. T	36. F	37. F	38. T	39. F	40. T
41. T	42. T	43. F	44. F	45. F	46. T	47. F	48. F	49. T	50. F
51. F	52. F	53. F	54. F	55. T	56. F	57. F	58. F	59. F	60. F
61. T									

四、填空题

1. 竞争优势
2. 大于
3. 信息处理系统
4. 加工使用
5. 客观事实/事实性
6. 决策
7. 电子商务处理系统/EBPS
8. 技术
9. 竞争优势
10. 动态战略
11. 金教/金智
12. 作业/执行
13. 道德
14. 决策者
15. 整体
16. 计算机存储器
17. 职权
18. 技术
19. 金企
20. 人工智能
21. 压缩
22. 接收
23. 一次
24. 二次
25. 无线
26. 初装
27. 现代商业
28. 信息技术
29. 技术创新
30. 知识
31. 管理
32. 间接
33. 信息
34. 智能
35. 人
36. 价值
37. 符号
38. 系统
39. 价值链
40. 控制
41. 社会—技术/社会技术
42. 管理
43. 信息技术
44. 维护
45. 信息化
46. 网络
47. 管理机构
48. 人力资源
49. 粗
50. 组织
51. 决策
52. MRP/物料需求计划
53. 滞后
54. 内在
55. 数据
56. 金关
57. 面向管理
58. 系统分析员
59. 业务处理系统/TPS/EDP
60. 竞争策略
61. 供应链
62. 竞争优势
63. 新经济
64. 信息技术/IT
65. 劳动生产率
66. 结构
67. 管理
68. 职能部门
69. 企业过程
70. CIO/首席信息官/总信息主管
71. 战略
72. 外源
73. 信息
74. 信息设备
75. 应用效益
76. 企业级
77. 信息孤岛
78. 柔性
79. 数字化
80. 数字化企业
81. 决策过程
82. 数据
83. 时间
84. 空间
85. 形式
86. 组织
87. 战略
88. 水平
89. 粒度

第二部分

信息技术基础设施

计算机硬件平台由 CPU、主存储器、辅助存储器、输入设备、输出设备和通信设备构成,计算机硬件朝着更为小巧和价格低廉的方向发展,软件和芯片方面都会有很大的改进,未来可以实现在任何地点与任何同类或机器进行交流;计算机软件主要有系统软件和应用软件,软件的发展趋势包括网络应用能力增加、嵌入式技术得到发展、开源软件日趋增多等。

计算机网络在经历多年的发展之后,形成了多种类型,根据不同的标准可以划分为不同的网络;国际互联网的迅速发展将人们带入了前所未有的信息化社会,无论是生产方式还是生活习惯都发生了质的改变,国际互联网在我国的发展,可以分为三个阶段。无线局域网技术正在快速发展,它给人们带来了巨大的影响,全球的无线用户数量目前已经超过 2 亿户。无线局域网的应用范围已从室内扩展到室外,在企业、交通、零售、医疗、教育等行业都有很广泛的应用。

信息资源是经过人类开发与组织的信息集合,对这一概念有狭义和广义两种不同的理解。数字信息资源基于不同的认知和利用角度,依照不同的划分标准,可以划分成不同的类型。随着数字信息资源的不断发展,研究数字信息资源的分布也成为必然的选择。目前,数字信息资源利用主要存在三种基本的使用模式,即商业性数字信息资源的访问控制模式、开放存取数字信息资源的开放使用模式、综合性数字信息资源的搜索利用模式。

随着分布式技术逐渐成熟,更多的应用可以基于这些技术来提供,人们可以从成千上万台庞大的服务器组成的集群上获得数据和应用能力,其计算模式实质上由 B/S 走向 B/C(Cloud,指庞大的服务器集群),即所谓的"云计算"。

知识点

1. 计算机硬件平台构成，各部件的特点和性能指标；
2. 计算机数据表示；
3. 计算机硬件的发展趋势；
4. 计算机软件平台的构成和发展趋势，系统软件、应用软件的组成及其特点；
5. 计算机通信网络的形成与发展；
6. 计算机通信网络的组成、网络的拓扑结构分类；
7. 计算机网络的工作组成、物理组成方式和分类方法；
8. 国际互联网的概念、产生及发展，在中国发展的三个阶段；
9. 国际互联网的基本架构模式；
10. OSI 和 TCP/IP 体系结构及各层的功能特点；
11. IP 地址的概念、功能，以及三类 IP 地址的划分方法；
12. 无线通信网络在企业管理中的应用；
13. 数字信息资源的概念；
14. 数字信息资源的种类；
15. 数字信息资源的分布；
16. 社会信息资源的数字化；
17. 基于 Internet 的数字信息内容；
18. 数字信息资源利用模式；
19. 数字信息资源利用法律问题；
20. 数字信息资源应用。

一、单项选择题

1. 下面数据中最小的数是（　　）。
   A.（1100101）2　　B.（146）8　　C.（100）10　　D.（65）16
2. 按冯·诺依曼的设计思想，计算机采用的数制是（　　）。
   A. 二进制　　B. 八进制　　C. 十进制　　D. 十六进制
3. 计算机内部采用二进制数表示数据信息，二进制的一个主要优点是（　　）。
   A. 写容易　　B. 方便记忆　　C. 容易实现　　D. 符合人的习惯
4. 计算机的存储单位是一个八位的字符串，即一个（　　）是计算机的基本单位。
   A. 位　　B. 字节　　C. MB　　D. KB
5. 以下换算单位正确的是（　　）。
   A. 1GB＝1024KB　　B. 1GB＝1024MB　　C. 1GB＝1024B　　D. 1GB＝1024 位
6. 个人计算机（PC）属于（　　）。
   A. 小巨型机　　B. 小型计算机　　C. 微型计算机　　D. 中型计算机
7. 一个完整的计算机系统应包括（　　）。
   A. 系统硬件　　　　　　　　　　B. 硬件系统和软件系统

C. 主机和外部设备　　　　　　　　D. 主机、键盘、显示器和辅助存储器
8. 广义地讲，软件泛指计算机运行所需的各种数据、（　　）及与之相关的文档资料。
　　　A. 程序　　　　　B. 文字处理系统　　C. 操作系统　　　D. 数据库
9. 微机一般是 16 位机或 32 位机，它指的是机器的（　　）。
　　　A. 速度　　　　　B. 容量　　　　　　C. 系列号　　　　D. 字长
10.（　　）的质量好坏与容量大小会影响计算机的运行速度。
　　　A. U 盘　　　　　B. 硬盘　　　　　　C. 内存　　　　　D. 鼠标
11.（　　）处理数据，控制计算机系统的其他部分，是计算机系统的心脏。
　　　A. 辅助存储器　　　　　　　　　　　B. 主存储器
　　　C. 输入设备/输出设备　　　　　　　D. 中央处理器
12. 中央处理器每执行（　　），就可完成一次基本运算或判断。
　　　A. 一次语言　　　B. 一条命令　　　　C. 一个程序　　　D. 一个软件
13.（　　）向中央处理器提供数据和指令并存储将来使用的数据。
　　　A. 中央处理器　　　　　　　　　　　B. 主存储器
　　　C. 输入设备/输出设备　　　　　　　D. 辅助存储器
14. 在数据处理中，外存储器直接和下列什么部件交换信息（　　）。
　　　A. 运算器　　　　B. 控制器　　　　　C. 寄存器　　　　D. 内存储器
15. 在计算机的各种存储器中，访问速度最快的是（　　）。
　　　A. 磁芯存储器　　　　　　　　　　　B. 磁盘、磁鼓存储器
　　　C. 半导体存储器　　　　　　　　　　D. 磁带存储器
16. 内存和外存相比，其主要特点是（　　）。
　　　A. 能存取大量信息　　　　　　　　　B. 能长期保存信息
　　　C. 存取速度快　　　　　　　　　　　D. 能同时存储程序和数据
17. 具有只读功能的内存储器是指（　　）。
　　　A. ROM　　　　　B. RAM　　　　　　C. 硬盘　　　　　D. CD-ROM
18.（　　）能把数据和指令转换成计算机处理的形式。
　　　A. 内存　　　　　B. 中央处理器　　　C. 输入设备　　　D. 输出设备
19. 下面几种打印机中，打印质量最好的是（　　）。
　　　A. 针式打印机　　B. 点阵打印机　　　C. 喷墨打印机　　D. 激光打印机
20.（　　）指构成图像的像素和，即屏幕包含的像素多少。
　　　A. 分辨率　　　　B. 带宽　　　　　　C. 刷新率　　　　D. 点距
21.（　　）是计算机唯一能直接识别和执行的程序语言。
　　　A. 结构化程序设计语言　　　　　　　B. 汇编语言
　　　C. 高级语言　　　　　　　　　　　　D. 机器语言
22. 下列操作系统中，不是网络操作系统的是（　　）。
　　　A. Netware　　　B. Windows NT　　　C. DOS　　　　　D. UNIX
23. 为解决各类实际问题而设计的程序系统称为（　　）。
　　　A. 应用软件　　　B. 系统软件　　　　C. 通用软件　　　D. 专用软件

24. 存储一部近两个小时的、高质量的电影，容量小于4.7GB的数据最好选用（　　）。
    A. 可擦写光盘　　　B. DVD　　　　　C. VCD　　　　　　D. 蓝光盘
25. 多媒体计算机可以处理的信息类型有（　　）。
    A. 文字、数字、图形　　　　　　　　B. 文字、图形、图像
    C. 文字、数字、图形、图像
    D. 文字、数字、图形、图像、音频、视频
26. （　　）就是Internet的前身，它标志着计算机网络的兴起。
    A. CERNET　　　B. UNINET　　　C. ARPANET　　　D. CHINANET
27. （　　）为网络提供通信控制，管理和共享资源，是整个网络系统的核心。
    A. 服务器　　　　B. 工作站　　　　C. 外围设备　　　　D. 网络软件
28. 下列不属于计算机网络目标的是（　　）。
    A. 资源共享　　　　　　　　　　　　B. 提高工作效率
    C. 提高商业利益　　　　　　　　　　D. 节省投资
29. （　　）可以将计算机网络分为有线网、光纤网和无线网三种类型。
    A. 按网络的拓扑结构　　　　　　　　B. 按覆盖的范围
    C. 按不同的使用者　　　　　　　　　D. 按传输介质
30. （　　）是某个部门为本单位的特殊工作的需要而建立的网络，这种网络不向本单位以外的人提供服务。
    A. 广域网　　　　B. 专用网　　　　C. 局域网　　　　　D. 公用网
31. 计算机网络的主要功能是：相互传输数据，实现资源共享。资源主要包括（　　）。
    A. 数据、软件、硬件　　　　　　　　B. 硬盘、显示器、软件
    C. 操作系统、硬件、CPU　　　　　　D. 主存、辅存、缓存
32. 互联网，又称因特网，是全球性的网络，始于（　　）。
    A. 法国　　　　　B. 美国　　　　　C. 日本　　　　　　D. 中国
33. （　　）是整个体系结构的控制部分，负责应用进程之间端到端的通信。
    A. 应用层　　　　B. 网际层　　　　C. 传输层　　　　　D. 网络接口层
34. 210.73.140.2是（　　）。
    A. A类IP地址　　B. B类IP地址　　C. C类IP地址　　　D. D类IP地址
35. （　　）的自由和便捷是对医疗行业最具有吸引力的特点。
    A. 无线网络　　　B. 有线网络　　　C. 虚拟网络　　　　D. 蓝牙
36. 局域网与使用调制解调器进行计算机通信的远程网相比，它的信息传送速度要（　　）。
    A. 高得多　　　　B. 低得多　　　　C. 差不多　　　　　D. 无法比较
37. TCP/IP是一个四层的体系结构，它包含（　　）、运输层、网际层和网络接口层。
    A. 传输层　　　　B. 应用层　　　　C. 物理层　　　　　D. 数据链路层
38. 路由选择是OSI模型中（　　）层的主要功能。
    A. 物理　　　　　B. 数据链路　　　C. 网络　　　　　　D. 传输
39. "开放系统互连基本参考模型"是一种（　　）。
    A. 计算机软件系统　　　　　　　　　B. 网络体系结构和通信标准的协议

C. 计算机硬件系统　　　　　　　D. 是一种计算机局域网

40. 因特网上使用的标准通信协议是（　　）。
    A. OSI　　　　B. ISDN　　　　C. X.25　　　　D. TCP/IP

41. （　　）将拓展 IP 地址空间，将足以能够使全球的每个物体都拥有一个 IP 地址。
    A. IPV3　　　　B. IPV4　　　　C. IPV5　　　　D. IPV6

42. 电子邮件交换是（　　）在现实生活中的应用。
    A. 客户方式　　　　　　　　　　B. 客户/服务器方式
    C. 服务器方式　　　　　　　　　D. 对等连接方式

43. （　　）所涉及的地理范围可以是市、地区、省、国家，乃至整个世界。
    A. 广域网　　　　B. 专用网　　　　C. 局域网　　　　D. 公用网

44. （　　）被广泛地应用于连接家庭、办公室、校园等场所的个人计算机或工作站。
    A. 广域网　　　　B. 专用网　　　　C. 局域网　　　　D. 公用网

45. （　　）是实现计算机之间、网络之间相互识别并正确进行通信的一组标准和规则，保证网络中两台设备之间正确传送数据。
    A. 网络硬件　　　　B. 网络软件　　　　C. 网络协议　　　　D. 网络操作系统

46. 世界数字图书馆网站（　　）正式启用，向全球读者免费提供服务。
    A. 2009 年　　　　B. 2006 年　　　　C. 2008 年　　　　D. 2010 年

47. 截至目前，国家数字图书馆的数字资源总量已超（　　），构建了一个超大型的图书馆数据中心。
    A. 800TB　　　　B. 500TB　　　　C. 300TB　　　　D. 700TB

48. 狭义的信息资源是把信息资源等同于数据、资料、消息，即仅指信息本身的集合，它包括（　　）等表现形式表达的以各类信息载体记录的信息内容。
    A. 用文本、图形图像、声音　　　　B. 用文本、数字、声音
    C. 用文本、语言、声音　　　　　　D. 用文本、图形图像、数字

49. （　　）(digital information resources)，狭义地讲，又被称为电子资源（electronic-resources）指一切以数字形式生产和发行的信息资源。
    A. 数字信息资源　　B. 大数据资源　　C. 数字存储资源　　D. 图书馆资源

50. 2000 年，新浪首页按照内容将网络信息资源总共划分为（　　）大类目录，1 万多个细目和 20 余万个网站，是当时互联网上最大规模的中文数字信息资源分类目录。
    A. 10　　　　B. 15　　　　C. 20　　　　D. 14

51. （　　）即正式的数字信息资源，是由正式出版机构或出版商/数据库商出版发行的数字信息资源，包括各类商用数据库和电子期刊、电子图书。
    A. 商用电子资源　　　　　　　　B. 民用电子资源
    C. 数字电子资源　　　　　　　　D. 公共电子资源

52. 网络公开学术资源：这部分可以说是（　　）数字信息资源，它们完全面向公众开放使用，包括各种学术团体、行业协会、政府机构、商业部门、教育机构等在网上正式发布的网页及其信息。
    A. 半正式　　　　　　　　　　　B. 非正式

C. 正式 D. 以上答案都不对

53. 特色资源：也属于（　　）数字信息资源，主要基于各教育机构、政府机关、图书馆的一些特色收藏，在一定范围内分不同层次发行，不完全面向公众发行，有时需要特别申请。
    A. 半正式 B. 非正式
    C. 正式 D. 以上答案都不对

54. 电子书、报刊文章、会议文献、档案资料、影像资料、产品介绍、科技报告属于（　　）。
    A. 零次数字信息资源 B. 一次数字信息资源
    C. 二次数字信息资源 D. 三次数字信息资源

55. 类数字化的书目、文摘、索引属于（　　），如各类文献题录数据库资源、网站分类目录、搜索引擎的索引库等。
    A. 零次数字信息资源 B. 一次数字信息资源
    C. 二次数字信息资源 D. 三次数字信息资源

56. 长尾这一概念用来描述诸如亚马逊和Netflix之类网站的（　　）。
    A. 商业和运用模式 B. 商业和经济模式
    C. 商业和概念模式 D. 运用和经济模式

57. 图书馆、科研院所、各类企业等利用自身的资源开发建设的自建（　　）也可以成为商业化的数字资源。
    A. 数据库资源　　B. 图书资源库　　C. 内部信息资源库　　D. 人力资源库

58. 商业性数字信息资源形成了一定的访问控制模式。这种访问控制模式分别针对（　　）采用不同的销售利用模式。
    A. 私企用户和政府用户 B. 个人用户和团体用户
    C. 私人用户和组织用户 D. 政府用户和个人用户

59. 开放存取仓储是开放存取数字信息资源的开放使用模式的又一重要代表，它包括基于（　　）的开放存取仓储。
    A. 学科和机构　　B. 个人和组织　　C. 政府和企业　　D. 国家和机构

60. 在开放存取理念的支撑下，个人Web站点作为一种重要的（　　）实现方式在数字信息资源的开放使用模式中将占有重要的地位。
    A. 开放存取　　B. 开放式仓库　　C. 个人存取　　D. 信息存取

61. 基于Internet的数字信息资源更多的是采用网络信息搜索的模式，这种利用模式是基于互联网的分布式特点开发和应用的，即（　　）。
    A. 用户分布式存储、数据分布式检索、数据分布式处理
    B. 数据分布式存储、用户分布式检索、用户分布式处理
    C. 用户分布式存储、用户分布式检索、数据分布式处理
    D. 数据分布式存储、用户分布式检索、数据分布式处理

62. 网络信息搜索利用模式主要使用的是基于（　　）的信息检索。
    A. 搜索引擎　　B. 搜索用户　　C. 网络搜索　　D. 数字资源

63. 在抓取网页的时候，搜索引擎蜘蛛程序一般有两种策略，即（　　）。
    A. 高度优先和深度优先　　　　　　B. 广度优先和长度优先
    C. 广度优先和深度优先　　　　　　D. 长度优先和深度优先

64. "创作共用"协议机制提供了由（　　）最常见的授权选择的组合方式。
    A. 5个　　　　B. 2个　　　　C. 3个　　　　D. 4个

65. 云计算出现是信息时代的（　　）里程碑。
    A. 第1个　　　B. 第2个　　　C. 第4个　　　D. 第3个

66. 20世纪40年代，第一台电子计算机ENIAC的发明标志着人类社会进入（　　）。
    A. 计算机时代　　B. 信息时代　　C. 电子时代　　D. 网络时代

67. 以PC为核心的第一个阶段主要解决信息的本地处理问题，计算和存储主要在（　　），人们整个活动主要围绕PC来完成。
    A. 本地进行　　B. 异地进行　　C. 网络进行　　D. 存储器上进行

68. 以互联网技术的广泛应用为基础的第二阶段初始以（　　）模式来实现本地PC和远端服务器的数据信息交互。
    A. C/S+B/S　　B. C/M　　C. B/S　　D. C/S

69. 随着分布式技术逐渐成熟，更多的应用可以基于这些技术来提供，人们可以从成千上万台计算机组成的集群上获得数据和应用能力，其计算模式实质上由B/S走向（　　），即所谓的"云计算"。
    A. B/C　　　　B. B/B　　　　C. B/D　　　　D. C/S

70. 在以云计算为基础的第三个阶段，将彻底改变人们获取（　　）资源的方式。
    A. 资料、软件甚至硬件　　　　　　B. 信息、程序甚至硬件
    C. 信息、软件甚至秘密　　　　　　D. 信息、软件甚至硬件

71. 云计算模型分为以下三种模式（　　）。
    A. 集体有云、私有云、交叉云　　　B. 公有云、个人云、混合云
    C. 公有云、私有云、混合云　　　　D. 国有云、个人云、混合云

72. 云计算的商业模式成功的秘密是什么呢？（　　）
    A. 海量用户支持、良好用户体验促成互联网后向收费模式的成功
    B. 多数用户支持、良好用户体验促成互联网后向收费模式的成功
    C. 海量用户支持、友好用户体验促成互联网后向收费模式的成功
    D. 海量用户支持、良好用户体验促成互联网前向收费模式的成功

73. 在云计算的商业模式中，（　　）。
    A. 每个人既是服务的使用者，也是服务的维护者
    B. 每个人既是服务的维护者，也是服务的提供者
    C. 每个人既是服务的使用者，也是服务的提供者
    D. 每个人既是服务的创建者，也是服务的提供者

74. 在（　　）这种环境下，企业需要能争分夺秒地发布新产品和服务，并根据市场反馈快速调整战略。
    A. 互联网　　　　　　　　　　　　B. 云计算

C. 大数据　　　　　　　　　　D. 以上答案都不对
75. 对于企业而言，较为明智的做法是首先从一个试点项目开始尝试云计算服务，在云计算产业尚不明朗的情况下，尽量将项目限定在一个（　　　）的范围内。
　　A. 很小　　　　B. 不大　　　　C. 较小　　　　C. 适合
76. 在云计算服务中，标准的需求方案说明书应该包括服务提供商的（　　　）两部分信息。
　　A. 经济状况和可行性　　　　　B. 财务状况和合法性
　　C. 技术状况和可行性　　　　　D. 财务状况和可行性

二、多项选择题

1. 根据具体的应用来分，计算机可以分为（　　　）。
　　A. 微型计算机　　B. 主计算机　　C. 大型计算机　　D. 网络服务器
　　E. 工作站
2. 根据用户的需求及一些技术特征，我们可将计算机分成（　　　）。
　　A. 微型计算机　　B. 小型计算机　　C. 多媒体计算机　　D. 主干计算机
3. 计算机硬件平台通常由（　　　）构成。
　　A. 中央处理器　　B. 主存储器　　C. 输入设备\输出设备
　　D. 辅助存储器　　E. 通信设备
4. （　　　）能长期保存信息，不具有易失性。
　　A. 硬盘　　　　B. 软盘　　　　C. 磁带　　　　D. CD
　　E. RAM　　　　F. ROM
5. USB设备之所以会被大量应用，主要是因为它具有（　　　）优点。
　　A. 标准统一　　B. 存储量大　　C. 携带方便　　D. 即插即用
6. 以下使用USB接口的外设端有（　　　）。
　　A. 数码相机　　B. 扫描仪　　C. 游戏杆　　D. 显示器
　　D. 打印机　　　E. 键盘与鼠标
7. 计算机数据输入最常见的设备有（　　　）。
　　A. 打印机　　B. 键盘　　C. 鼠标　　D. 触摸屏
8. 最常见的视频显示器有（　　　）。
　　A. CRT显示器　　　　　　B. LCD显示器
　　C. LED显示器　　　　　　D. 等离子体显示器
9. 衡量显示器的性能指标主要有（　　　）。
　　A. 显示屏的尺寸　　B. 点距　　C. 分辨率　　D. 带宽
　　E. 刷新率
10. 以下属于系统软件的是（　　　）。
　　A. Excel　　　　B. DOS　　　　C. Access　　　　D. Windows 8
　　E. Windows XP　　F. UNIX

11. 以下是应用软件的是（　　　　）。
    A. Word　　　　　B. Excel　　　　　C. Linux　　　　　D. Photoshop
    E. WPS　　　　　F. UNIX

12. 以下哪些高级语言（　　　　），使用时需有相应的编译程序。
    A. BASIC　　　　B. FORTRAN　　　C. C　　　　　　D. COBOL
    E. LISP　　　　　F. PASCAL

13. 以下属于计算机低级语言的是（　　　　）。
    A. C 语言　　　　B. 汇编语言　　　C. Java 语言　　　D. 机器语言
    E. VB 语言

14. 数据按照层次方式进行组织，其层次有（　　　　）。
    A. 位　　　　　　B. 字节　　　　　C. 字段　　　　　D. 记录
    E. 文件

15. 以下属于文件的组织方式的有（　　　　）。
    A. 串行组织　　　B. 顺序组织　　　C. 随机组织　　　D. 索引组织
    E. 链表组织

16. 计算机通信网络的基本元素有（　　　　）。
    A. 终端
    B. 远程通信处理器
    C. 远程通信通道和介质
    D. 计算机
    E. 网络通信控制软件

17. 计算机网络常见的拓扑结构有（　　　　）三种。
    A. 星形拓扑结构　B. 网状结构　　　C. 蜂窝拓扑结构　D. 环形拓扑结构
    E. 总线拓扑结构

18. （　　　　）一个节点出现故障可能会终止全网运行。
    A. 星形拓扑结构　B. 网状结构　　　C. 总线拓扑结构　D. 环形拓扑结构

19. 因特网的拓扑结构从因特网的工作方式上可以划分为（　　　　）。
    A. 边缘部分　　　B. 网络硬件　　　C. 核心部分　　　D. 网络软件

20. 计算机通信网络在不断演变和发展，网络的发展趋向通常有（　　　　）。
    A. 行业趋向　　　B. 技术趋向　　　C. 通信趋向　　　D. 传输趋向
    E. 应用趋向

21. 计算机通信网络按覆盖的范围分为（　　　　）。
    A. 局域网　　　　B. 公用网　　　　C. 专用网　　　　D. 城域网
    E. 广域网

22. 国际标准化组织（ISO）于 20 世纪 70 年代提出网络模型 OSI，以下属于底层三层的是（　　　　）。
    A. 应用层　　　　B. 物理层　　　　C. 表示层　　　　D. 数据链路层
    E. 网络层

23. TCP/IP 是一个四层的体系结构，包括（　　　　）。
    A. 应用层　　　　B. 表示层　　　　C. 会话层　　　　D. 网际层

E. 运输层　　　　　　F. 网络接口层
24. 以下 IP 地址中，格式正确的是（　　　）。
　　A. 210.40.80.32　B. 210.40.80.33　C. 192.168.1.256　D. 0.168.1.1
　　E. 134.134.134.134
25. 局域网的体系结构中，有（　　　）分层结构。
　　A. 应用层　　　B. 物理层　　　C. 表示层　　　D. 数据链路层
　　E. 网络层
26. 国内的 Internet 主要由十大骨干互联网组成，其中最具代表性的四大网络是（　　　）。
　　A. CHINAPAC　　B. CERNET　　C. CSTNET　　D. CHINANET
　　E. CHINAGBN　　F. CSTNET
27. 国家科学基金网（NSFNET），是一个三级计算机网络，分为（　　　）。
　　A. 主干网　　　B. 局域网　　　C. 地区网　　　D. 城域网
　　E. 广域网　　　F. 校园网
28. 纵观我国 Internet 的发展，可以分为（　　　）。
　　A. 第一个阶段（1987～1993 年）　　B. 第一个阶段（1988～1994 年）
　　C. 第二个阶段（1994～1995 年）　　D. 第三个阶段（1995 年至今）
　　E. 第二个阶段（1995～1996 年）　　F. 第三个阶段（1996 年至今）
29. 以下是传输层协议的是（　　　）。
　　A. TCP　　　　B. IP　　　　C. UDP　　　　D. ICMP
30. 组织从 Internet 中获得的利益具有如下特点（　　　）。
　　A. 全球性连接　　　　　　B. 减少了通信成本
　　C. 降低了交易成本　　　　D. 减少了代理成本
　　E. 交互性、灵活性及定制化
31. 在（　　　）等核心功能方面，国家数字图书馆形成了一系列独创性、科学性和前瞻性的研究成果。
　　A. 资源揭示　　B. 唯一标识　　C. 统一认证　　D. 数字证书
　　E. 数字存取
32. 数字图书馆的建设对（　　　）的生命周期进行全流程管理，图书馆拥有更为丰富的角色定位。
　　A. 数字资源生产　B. 组织　　C. 保存及发布服务　D. 处理
　　E. 数字资源维护
33. 广义的信息资源是包括（　　　）三个要素的以信息活动为核心的完整信息资源体系。
　　A. 信息活动对象　B. 信息活动工具　C. 信息活动从业人员
　　D. 信息活动存取　E. 信息活动安排
34. 数字信息资源不同于信息资源中的纸质文献信息资源，它有其自身的特点（　　　）。
　　A. 存储介质和传播形式发生变化　　B. 多媒体的存储方式

C. 信息资源类型多种多样　　　　　　D. 数字信息资源时效性强
E. 数字信息资源利用不受时空限制

35. 数字信息资源基于不同的认知和利用角度，依照不同的划分标准，可以划分成不同的类型。下列正确的划分标准有（　　　　）。
    A. 按照数字信息资源的信息内容划分
    B. 按数字信息资源的生产途径和发布范围划分
    C. 按照数字信息资源所属学科划分
    D. 按照数字信息资源加工程度划分
    E. 按数字信息资源的存储方式划分

36. 按照生产途径和发布范围，数字信息资源可以分为（　　　　）等几种。
    A. 公开发布　　　B. 非公开发布　　　C. 半公开发布　　　D. 不公开发布
    E. 不发布

37. 开放存取期刊的代表是 DOAJ，开放存取仓储又包括（　　　　）。
    A. 基于学科的开放存取仓储　　　　B. 基于机构的开放存取仓储
    C. 基于部门的开放存取仓库　　　　D. 基于组织的开放存取仓储
    E. 基于运营商的开放存取仓储

38. 以下属于非正式的数字资源有（　　　　）。
    A. FTP 资源　　　B. 新闻组　　　C. BBS　　　D. 电子邮件
    E. 博客

39. 按照传统的信息加工层次的标准，我们可以将数字信息资源划分成如下几类：（　　　　）。
    A. 零次数字信息资源　　　　　　　B. 一次数字信息资源
    C. 二次数字信息资源　　　　　　　D. 三次数字信息资源
    E. 四次数字信息资源

40. 在信息资源数字化建设方面，我们以图书馆界的文献信息资源数字化为例，所涉及的相关因素就包括（　　　　）、知识产权管理和项目管理等几个方面。
    A. 项目规划　　　　　　　　　　　B. 数字化内容选择
    C. 数字化流程准备　　　　　　　　D. 数字文档保存
    E. 元数据析取

41. 我国的文献信息数字化工程主要包括三个方面（　　　　）。
    A. 以政府行为为主的数字图书馆工程
    B. 以传统高校图书馆为主的数字图书馆工程
    C. 以收费为主的数字图书馆工程
    D. 以服务为主的数字图书馆工程
    E. 信息产业技术公司和数据库生产服务商实施的数字图书馆工程

42. 目前，数字信息资源利用主要存在三种基本的使用模式，即（　　　　）。
    A. 商业性数字信息资源的访问控制模式
    B. 开放存取数字信息资源的开放使用模式

C. 综合性数字信息资源的搜索利用模式

D. 封闭性数字信息资源的访问控制模式

E. 开放存取数字信息资源的访问控制模式

43. 针对团体用户，数字信息资源供应商针对团体用户要收取资源的使用费，由此形成了按照数字信息资源利用的主体类型区分的三种利用方式，即（　　　）。

　　A. 国家引进　　　B. 集团引进　　　C. 单个机构自主引进

　　D. 个人引进　　　E. 部门引进

44. 一般来讲，目前访问控制型的数字信息资源利用主要通过（　　　）几种方式来提供正常使用的服务。

　　A. 远程访问　　　B. 安装镜像　　　C. 本地服务　　　D. 购买服务

　　E. 传输服务

45. "创作共用"协议机制提供了（　　　）最常见的授权选择的组合方式。

　　A. 署名　　　B. 非商业用途　　　C. 禁止派生作品

　　D. 保持一致　　　E. 数字证书

46. 传统的用户终端也开始分化，总的发展趋势是（　　　）。

　　A. 终端多样化　　　　　　B. 操作系统简单化

　　C. 浏览器中心化　　　　　D. 网络无线化

　　E. 存储网络化

47. 云计算主要形态的发展很大程度上依赖于以下三种推动力量，包括（　　　）。

　　A. 网络的普及　　　　　　B. 业界出现了大型计算密集型企业

　　C. 一些创新型软件公司在这种交付模式上走在较前沿

　　D. 计算机的普及　　　　　E. 用户量的增大

48. 专业的IT名词百科Whatis.com援引SearchCloudComputing.com的定义，广义地将云计算解释为一切能够通过互联网提供的服务，这些服务被划分为三个层次（　　　）。

　　A. IaaS　　　B. PaaS　　　C. SaaS　　　D. MaaS

　　E. NaaS

49. 众说纷纭的云计算概念，综合起来，具有以下三个特征（　　　）。

　　A. 几乎无限的计算力资源　　　B. 不需要长期使用

　　C. 按需付费的成本结构　　　　D. 随时随地进行资源访问

　　E. 根据需要进行动态扩展和配置

50. 云计算具有哪些特点（　　　）？

　　A. 互联网网络可以随时随地进行资源访问

　　B. 计算机硬件和软件都是资源，通过互联网以服务的方式提供给用户

　　C. 这些资源都可以根据需要进行动态扩展和配置

　　D. 这些物理上分布式存在的资源在逻辑上以单一整体的形式呈现

　　E. 用户按使用云中的资源，按实际使用量付费，无须管理这些资源

51. 尽管大家对云计算的概念存在诸多争议，但是大家对云计算模式的通用特性还是有

一致的认识的,比如（　　　）。
   A. 弹性及可扩展性　　　　　B. 计算资源的按需配置
   C. 计算基础设施支持多系统和多用户　　D. 按需付费的计费模式
   E. 通过互联网可在任何地方登录系统和获取数据

52. 下列哪些方面体现了云计算的优势（　　　）。
    A. 具备规模经济性　　　　　B. 具有强大的虚拟化能力
    C. 高可伸缩性　　　　　　　D. 高可靠性
    E. 通用性强

53. IBM智慧商务系列解决方案包括咨询、设计、实施、运维等端到端服务,根据不同行业、不同场景分为（　　　）等。
    A. 开发测试云　　B. 桌面云　　C. 存储云　　D. 分析云
    E. 云咨询

54. 一个企业将其业务转移到云计算中心,其驱动因素至少包括以下方面（　　　）。
    A. 云计算让业务重点更加清晰
    B. 云计算减少了内部基础设施及其附属相关的资金支出
    C. 云计算根据业务规模自动进行扩展和伸缩,这种可变成本的运营模式降低了经济风险
    D. 如果系统架构设计得合理,内部系统可以很容易地迁移到云计算中心
    E. 云计算具有价格上的竞争力,允许客户按需付费

55. 为了降低企业接入风险,企业现存系统在接入云计算系统前,往往需要对目前的（　　　）作详细的调研分析,同时也要注意一些常规性问题。
    A. 市场状况　　B. 商业前景　　C. 经济状态　　D. 商业价值
    E. 资源状况

56. 在调查云计算服务提供商的方案（　　　）,最关键的环节是要制订出一份较为完善的需求方案说明书（RFP）。
    A. 可用性　　B. 可行性　　C. 可靠性　　D. 安全形势
    E. 经济性

三、判断题

1. 计算机机箱内的设备是主机,机箱外的设备是外设。（　　）
2. 外存储器可以与中央处理器直接交换信息。（　　）
3. 任何存储器都有记忆能力,即其中的信息不会丢失。（　　）
4. 微机运行过程中若突然断电,则RAM中的信息将全部丢失。（　　）
5. 个人计算机最常用的光盘系统是只读光盘存储器。（　　）
6. 输入/输出设备又被称为外围设备,它实现了人和计算机之间的交互。（　　）
7. 在任何相同分辨率下,点距越大,显示图像越清晰细腻,分辨率和图像质量也就越高。（　　）
8. 外存由机械部件带动,它的速度比CPU快。（　　）

9. 数码相机使用 USB 接口。（   ）
10. 主要的数据输出设备是视频显示器、打印机、语音及视频输出设备。（   ）
11. 汇编语言和机器语言都属于低级语言，之所以称为低级语言是因为用它们编写的程序可以被计算机直接识别执行。（   ）
12. BASIC、LISP 等高级语言，使用时需用相应的解释程序。（   ）
13. 基于网络应用的中间件软件是计算机软件平台的发展趋势之一。（   ）
14. 专用软件通常是为解决某一类问题而设计的。（   ）
15. 现如今，个人计算机的"无线能力"增强。（   ）
16. 计算机之间的互联通过通信设备及通信线路来实现，通常有两种方式：有线方式连接和无线方式连接。（   ）
17. WWW 是 World Wide Web 的缩写，即全球信息网或万维网。（   ）
18. 国家科学基金网（NSFNET）是一个四级的计算机网络。（   ）
19. 因特网是具有多层次 ISP 结构的。（   ）
20. 1987～1993 年是中国互联网的发展阶段。（   ）
21. 网络的拓扑结构就是网络的物理连接形式。（   ）
22. 与 OSI 模型不同的是，TCP/IP 模型中没有会话层和表示层。（   ）
23. 开放系统互连基本参考模型（OSI）包括五层协议的体系结构。（   ）
24. 无线局域网提供了移动接入的功能，为移动的终端设备连接因特网提供了方便。（   ）
25. 无线局域网的应用范围非常广泛，包括大型办公室、车间、酒店、宾馆、智能仓库、临时办公室、会议室、证券市场等。（   ）
26. 无线网络技术帮助企业网络从烦琐的网络布线中解脱。（   ）
27. 金桥网即国家公用经济信息通信网工程。（   ）
28. 通常将一个地区或一座城市内的局域网连接起来构成的网络称为局域网。（   ）
29. 电子邮件、聊天记录等属于零次信息资源。（   ）
30. 长尾理论的核心是指足够多的非畅销商品聚集起来你就得到了一个比畅销商品还要大很多的庞大市场。这足够多的非畅销商品的聚集就形成了所谓的长尾。（   ）
31. 商业化的方式提供使用，不需要支付相关费用，此类信息资源就形成了一定的访问控制模式。（   ）
32. 在数字资源的引进中，集团引进是指将多个人组织起来，联合引进某种信息资源，达到用最少的经费获取最优的服务和最符合需要的信息资源。（   ）
33. "开放存取"意味着用户通过任何网络可以免费阅读、下载、复制、传播、打印和检索作品（   ）
34. "开放存取"不受经济、法律和技术的任何限制，除非是网络本身造成的物理障碍。（   ）
35. "开放存取"唯一的限制就是基于创作共用原则，要求保证作者拥有保护作品完整性的权利，同时在使用作者作品时要注明相应的引用信息。（   ）
36. 开放存取的实现方式是指在互联网上基于开放存取理念，用以向用户免费提供信息

所采用的各种方式。（　　）

37. 开放存取期刊之所以能够为广大网络用户所免费使用，关键在于其独特的付费模式。（　　）
38. 开放存取仓储的资源主要通过限定学科范围，并依靠读者的水平来进行衡量以保证质量。（　　）
39. 开放存取仓储的免费使用程度由读者自己控制。（　　）
40. 搜索引擎爬虫（蜘蛛），实际上是一个能自动抓取网页信息的程序。（　　）
41. 搜索引擎的索引数据库的大小决定了搜索引擎能够检索的信息量的大小。（　　）
42. 目前数字信息资源利用所应该具备的法律政策保障体系相当完善。（　　）
43. 除了传统的互联网知识产权法律规范外，现在更多的数字信息内容开始遵循创作共用的协议来规范知识产权。（　　）
44. 信息处理技术（information acquisition technique）一般意义上是指能够对各种信息进行测量、感知和采集的技术，主要包括传感技术、遥测技术和遥感技术。（　　）
45. 目前，我们正处在信息时代的第四个重要阶段，这个阶段还将维持较长一段时间。（　　）
46. 以 PC 为核心的第一个阶段主要解决信息的本地处理问题，信息的分享和交换主要以软盘、光盘等存储介质为载体，信息交换和分享效率较高。（　　）
47. Web1.0 技术的发展改变了信息的产生和交互模式，使得任何人都可以参与信息的制造和传播。（　　）
48. 随着分布式技术逐渐成熟，传统的用户终端也开始分化，除了 PC、笔记本电脑之外，用户终端开始出现肥胖的趋向，出现了上网本、平板电脑、智能手机等设备。（　　）
49. 什么是云计算呢？对此，并没有一个统一的定义。（　　）
50. 在云计算中，用户按需使用云中的资源，不需要管理，只需要按实际使用量付费。（　　）
51. 软件虚拟化使企业能够优化物理电脑资源的使用并改善系统的管理方式。（　　）
52. "前向免费，后向收费"的模式让大众用户充分体会到了"云"的高成本。（　　）
53. "云"是一个庞大的资源池，可以根据用户需求进行定制，可以像自来水、电、煤气那样提供计量服务。（　　）
54. 新的 IT 模式的出现使得许多企业再也不用为建立自己的数据中心或者实现 IT 的软硬件系统的运营买单了。（　　）
55. 自行购买若干台服务器所需的费用及附带额外的操作花费远远小于通过购买云计算服务所需的费用。（　　）

四、填空题

1. ASCⅡ码是一种用（　　　　　　）位二进制代码编制的字符编码。
2. 世界上第一台具有存储程序功能的计算机是由匈牙利籍著名数学家（　　　　　　）主持设计的。

3. 在计算机中，任何复杂的运算都可以分解成一系列容易的操作步骤，这些容易操作就是计算机能直接实现的，被称为（　　　　）。
4. 以微处理器为核心的微型计算机属于第（　　　　）代计算机。
5. 相对于外存而言，（　　　　）是计算机中的主要部件，它的质量好坏与容量大小会影响计算机的运行速度。
6. 直接与CPU交换数据，存放当前运算的程序及执行这些程序所需的数据的存储器为（　　　　）。
7. 计算机内存由随机存取存储器和（　　　　）两部分组成。
8. 通常所说的内存大小指的是（　　　　）的大小。
9. 计算机的存储器可以分为内存和外存，现在流行的U盘属于（　　　　）。
10. （　　　　）把数据表示为人们可以看、读、听得懂的形式。
11. （　　　　）中文含义是"通用串行总线"。
12. 显示器的刷新率分为（　　　　）和（　　　　）。
13. 计算机软件平台主要有（　　　　）和（　　　　）。
14. 对于高级语言来说，翻译的方法有两种：一种称为（　　　　），另一种称为（　　　　）。
15. （　　　　）的作用是将汇编语言源程序翻译成机器语言形式表示的目标程序。
16. （　　　　）是指按照一定联系存储的数据集合，可为多种应用共享。
17. （　　　　）利用波长较短（405纳米）的蓝色激光读取和写入数据。
18. （　　　　）是指控制和协调计算机及外部设备，支持应用软件开发和运行的系统。
19. 应用软件从其服务对象的角度，又可分为（　　　　）和（　　　　）两类。
20. （　　　　）是Internet的起源。
21. ARPA网中，主机之间通信互连，要通过称为（　　　　）的装置转接后才能互连。
22. 由2台或2台以上计算机互连，并能提供用户共享软件、共享信息、共享外设和相互通信能力的整体称为（　　　　）。
23. 计算机网络主要由四部分构成：主计算机和终端、通信线路、（　　　　）、协议。
24. 三种有线传输媒体是双绞线、（　　　　）和光纤。
25. 支持终端与计算机之间的数据传送与接收的设备称为（　　　　）。
26. 计算机网络中担任数据存储、数据处理等任务，提供信息和软件共享，管理网络流量和安全的计算机称为（　　　　）。
27. 计算机网络中提供用户要求给服务器并给用户反馈服务器处理结果的计算机称为（　　　　）。
28. 在因特网上，IP地址或（　　　　）可以唯一标识一台计算机。
29. （　　　　）就是采用一个信道作为传输媒体，所有站点都通过相应的硬件接口直接连到这一公共传输媒体上。

30. （　　　　　）是整个网络体系结构的核心部分，负责处理互联网中计算机之间的通信，向传输层提供统一的数据包。
31. 在计算机网络环境下，控制信息从一地到另一地的转输方式，并保证信息的完整无损的规则称为（　　　　　）。
32. 根据 TCP/IP 规定，IP 地址是由（　　　　　）二进制数组成，而且在 Internet 范围内是唯一的。
33. 国际互联网的架构模式分为（　　　　　）和（　　　　　）两类。
34. （　　　　　）能很好地解决企业部门分布相距很远，经常相互通信的问题，是国际互联网在企业管理中的成功应用。
35. 无线局域网英文简写为（　　　　　）。
36. （　　　　　）在教育行业的一个应用是师生可以在任意地点访问教育网络资源，包括教室、会议中心，甚至户外。
37. 计算机通信网络按不同的使用者分为（　　　　　）和（　　　　　）。
38. 计算机网络的拓扑结构是指网络中的（　　　　　）和（　　　　　）的集合排列形式。
39. 随着互联网的发展，如今利用网络传递的数字信息资源的数量每年都以几何倍速增长，我们把这一类数字资源称为（　　　　　）。
40. 如今可以说人类生产、生活、学习、研究、娱乐等的一切社会活动所产生的各种信息资源经过数字化处理都能成为基于网络环境的（　　　　　）。
41. 数字信息资源按照学科归属进行划分，有按照《中国图书馆分类法》进行划分的，也有按照（　　　　　）划分的。
42. CNKI 的学术期刊数据库，超星数字图书馆这样的图书全文数据库等属于（　　　　　）。
43. 数字信息资源的分布从来源看，主要包括两个方面的范畴，其一是（　　　　　）的数字化这个长期、庞大而且错综复杂的系统工程的结果，其二是基于 Internet 的数字信息内容的创造。
44. 目前，被称为世界上最大的图书馆的美国国家数字图书馆项目，它已经实现了 500 余万件文献的数字化，集中反映了美国建国 200 多年来的历史发展进程，包括文本、声音、图像、（　　　　　）等多种格式。
45. 数字信息资源中还有一个相当重要的领域就是基于（　　　　　）的庞杂、海量信息资源。
46. 长尾这一概念由（　　　　　）杂志主编 Chris Anderson 在 2004 年 10 月的《长尾》一文中最早提出。
47. 长尾理论可以说是（　　　　　）中众多的理论基础中相当重要的一个。
48. 长尾的力量就是支撑诸如亚马逊网上书店这类（　　　　　）的力量。
49. 互联网上最成功的业务就是通过某种方式（　　　　　）而形成的。
50. （　　　　　）只是在方向上和长尾模型不一致，但是在表现资源分布的模型上表达的是同样意义。
51. （　　　　　）是指数据库商、出版商和其他机构以商业化方式提供的各种电子资源。

52. 以（　　　　）概念为核心的"开放存取运动"早在20世纪90年代末就已经在国际学术界、出版界和图书情报界大规模地兴起。

53. 开放存取数字信息资源的开放使用模式是指利用（　　　　）的实现方式（vehicles）来利用数字信息资源的模式。

54. 目前最热门的开放存取实现方式主要是开放存取期刊和（　　　　）。

55. 开放存取期刊现在其最流行的支付成本模式是（　　　　）。

56. 开放存取期刊是依靠（　　　　）来保证质量的。

57. 开放存取仓储最实用之处在于它们都遵循（　　　　）来进行元数据的收割以达到互操作的目的。

58. 个人Web站点成为一个重要的有价值信息的全文的免费获取渠道，也就成为一种非常有潜质的（　　　　）实现方式。

59. 搜索引擎检索网络信息最主要利用的技术就是（　　　　），它又叫作搜索引擎爬虫。

60. （　　　　）协议机制在解决数字信息资源利用所面临的版权方面的问题应该是一个不错的选择，其发展方向值得关注。

61. 20世纪90年代，互联网的出现使得信息交换非常便捷，互联网改变了信息传播、娱乐、商业交易、工作、沟通甚至政府和军队的运作方式，这导致了以互联网为核心的（　　　　）阶段的出现。

62. 随着超文本标记语言HTML的出现，Web发展为主流的信息交互方式，人们开始更多地通过浏览器来获取和分享信息，即（　　　　）模式。

63. （　　　　）公司为了应对全球范围内不断增加的数据量，在全球范围建立了能够统一管理和调度的分布式数据中心。

64. 虚拟化技术成熟使得"按需获取IT资源"商业模式得以实现，后端的服务器开始演变成（　　　　）。

65. 云计算中软硬件资源以（　　　　）的形式存在，可以被动态扩展和配置，最终以服务的形式提供给用户。

66. 数据存储和数据库管理，这一层也就是所谓的（　　　　）。

67. 在云计算领域，所谓的软件即服务（SaaS）是指应用和（　　　　）。

68. 在云计算中，IT服务设施从硬件依赖转向（　　　　）。

69. 当今的商业环境中，增加灵活性势在必行，（　　　　）提供了这种灵活性，云计算提供商可以根据客户需求快速而简单地提供弹性需求。

70. （　　　　）和灵活性是云计算的两个重要的特性。

71. 云计算这种基于（　　　　）进行消费的模式，如同我们对水电的消费，可以为用户节省不少的资金。

72. 云计算提供商通过（　　　　）来增强自己的竞争力，同时让用户将自己的应用和基础服务迁移到云计算中心。

参考答案

一、单项选择题

1. C	2. A	3. C	4. B	5. B	6. C	7. B	8. A	9. D	10. C
11. D	12. B	13. D	14. D	15. C	16. C	17. A	18. C	19. D	20. A
21. D	22. C	23. A	24. B	25. D	26. C	27. A	28. D	29. D	30. B
31. A	32. B	33. C	34. C	35. A	36. A	37. B	38. C	39. B	40. D
41. D	42. B	43. A	44. C	45. C	46. A	47. A	48. C	49. A	50. D
51. A	52. A	53. A	54. B	55. C	56. B	57. A	58. B	59. A	60. A
61. D	62. A	63. C	64. D	65. D	66. B	67. A	68. D	69. A	70. D
71. C	72. A	73. C	74. A	75. A	76. D				

二、多项选择题

1. BDE	2. ABD	3. ABCDE	4. ABCD	5. ACD	6. ABCDE
7. BCD	8. ABD	9. ABCDE	10. BDEF	11. ABDE	12. BCDF
13. BD	14. ABCDE	15. ABCDE	16. ABCDE	17. ADE	18. CD
19. AC	20. ABE	21. ADE	22. BDE	23. ADEF	24. ABE
25. BD	26. BCDE	27. ACF	28. ACD	29. AC	30. ABCDE
31. ABC	32. ABC	33. ABC	34. BCDE	35. ABCD	36. ABC
37. AB	38. ABCDE	39. ABCD	40. ABCDE	41. AB	42. ABC
43. ABC	44. ABC	45. ABCD	46. ACBDE	47. ABC	48. ABC
49. ABC	50. ABCDE	51. ABCDE	52. ABCDE	53. ABCDE	54. ABCDE
55. AB	56. BCD				

三、判断题

1. F	2. F	3. F	4. T	5. T	6. T	7. F	8. F	9. T	10. T
11. F	12. T	13. T	14. F	15. T	16. T	17. T	18. F	19. T	20. F
21. F	22. T	23. F	24. T	25. T	26. T	27. T	28. T	29. T	30. T
31. F	32. F	33. F	34. T	35. T	36. T	37. T	38. T	39. F	40. T
41. T	42. F	43. T	44. F	45. T	46. F	47. F	48. F	49. T	50. T
51. F	52. F	53. T	54. T	55. F					

四、填空题

1. 7
2. 冯·诺依曼
3. 指令
4. 4
5. 内存\内存储器\主存储器
6. 主存储器
7. 只读存储器
8. 随机存取存储器
9. 外存
10. 输出设备
11. USB
12. 垂直刷新频率、水平刷新频率
13. 系统软件、应用软件
14. 解释、编译
15. 汇编程序
16. 数据库
17. 蓝光盘
18. 系统软件
19. 通用软件、专用软件
20. ARPANET
21. 报文处理机
22. 计算机网络
23. 传输设备
24. 同轴电缆
25. 远程通信处理器
26. 服务器
27. 客户机
28. 域名
29. 总线拓扑结构
30. 网络互连层
31. 计算机网络协议
32. 32 位
33. 客户服务器方式、对等方式
34. 虚拟专用网络（VPN）技术
35. WLAN
36. 无线网络
37. 专用网、公用网
38. 结点、链路
39. 网络信息资源
40. 数字信息资源
41. 国家教育部门
42. 三次信息资源
43. 社会信息资源
44. 影像
45. Internet
46. 连线
47. Web2.0
48. 商业模式
49. 整合长尾巴市场
50. 反向长尾
51. 商业性数字信息资源
52. Open Access
53. 开放存取
54. 开放存取仓储
55. 作者付费模式
56. 同行评审
57. OAI 协议
58. 开放存取
59. 搜索引擎蜘蛛
60. 创作共用
61. 第二
62. B/S
63. Google
64. 云
65. 分布式共享
66. 平台即服务
67. 应用开发环境
68. 软件依赖
69. 云计算
70. 扩展性
71. 资源
72. 降低价格

第三部分

信息系统的商业领域应用

传统商务活动大部分依靠面对面及书面文档传递，使传统商务具有信息不完善、耗费时间长、花费高、库存和产品的积压、生产周期长、客户服务有限等局限性。这就需要一种全新的商务模式出现。电子商务的发展，得益于全球经济一体化的迅速发展，得益于信息处理技术及通信技术的迅速发展和成熟，同时商业自动化、企业管理信息系统的完善及金融行业的自动服务系统的形成也为电子商务的产生和发展奠定了基础。

电子商务源于英文 electronic commerce，简写为 EC。其内容包含两个方面：一是电子方式；二是商贸活动。一般来说是指利用电子信息网络等电子化手段进行的商务活动，是指商务活动的电子化、网络化。与电子商务紧密相关的电子业务其英文为 electronic business，简称 EB，它还包括政府机构、企事业单位各种内部业务的电子化，以及各单位、各部门之间的网际交流。电子商务的基本组成要素有 Internet、Intranet、Extranet、用户、物流配送、认证中心、银行、商家等。

企业资源计划也称企业资源规划（enterprise resource planning，ERP），它是一个综合的计算机系统，用来管理包括有形资产、资金、物料和人力资源在内的企业内部和外部资源；是一种在制造、分销或服务业公司中有效地计划和控制，为解决接收、制造、发运和客户订单问题所需的所有资源的计划方法。其中，ERP 最经典、最充分的应用是在制造业行业。

决策支持系统（decision support systems，DSS）是在传统的管理信息系统（management information systems，MIS）理论基础上发展起来的一个适用于不同领域且概念和技术都全新的信息系统发展分支，也是目前发展最为迅速的一个分支。它是一个高度灵活和具有良好交互性的、对非结构化问题的决策提供辅助的信息系统。决策支持系统将决策制定者及信息技术提供的支持联系在一起。

商业智能实质上是数据转化为信息的过程，这一过程也可称为信息供应链，其目的是把初始的操作型数据变成决策所使用的商务信息。商业智能的目标是将企业所掌握的信息转换成竞争优势，提高企业决策能力、决策效率、决策准确性。商业智能的体系结构由下至上分为数据来源、数据存储、数据分析三个层次。

知识点

1. 传统商务的局限性；
2. 电子商务的产生背景；
3. 电子商务的概念；
4. 电子商务的分类；
5. 电子商务与传统商务的对比；
6. 电子商务的基本框架；
7. 如何开展电子商务；
8. 电子支付的概念及分类；
9. 网络营销的概念及其与电子商务的关系；
10. 电子商务的应用系统；
11. 电子商务带来的变革；
12. 移动商务及其发展；
13. 本地化电子商务及其发展；
14. ERP 的概念；
15. ERP 能够做什么；
16. ERP 在中国经历的四个发展阶段；
17. ERP 的应用范围；
18. 实施 ERP 为企业带来的效益；
19. ERP 的实施与运行管理；
20. "一把手"工程；
21. ERP 实施的关键因素；
22. ERP 实施时间框架；
23. ERP 的实施与运行管理要实现的目标；
24. 常见的 ERP 系统；
25. 决策的基本概念；
26. 决策产生的基础；
27. 管理决策产生的阶段；
28. 决策的基本内容；
29. 决策支持系统的特点；
30. 决策支持系统与管理信息系统的差别；
31. DSS 在管理上的作用；
32. 决策支持系统的基本框架结构；
33. 影响 DSS 总体结构的因素；
34. 决策支持系统的发展趋势；
35. DSS 相关的新兴技术；
36. 数据挖掘的概念及过程；

37. 商业智能系统的概念；
38. 商业智能系统的分类；
39. 商业智能系统的生命周期；
40. OLTP 与 OLAP 的概念及区别、具体操作；
41. MDX 的概念；
42. 数据挖掘的概念；
43. 数据挖掘的过程；
44. 数据挖掘的功能；
45. 数据挖掘技术。

一、单项选择题

1. B2B 电子商务模式是指（　　）。
   A. 企业与企业之间通过网络进行产品或服务的经营活动
   B. 企业通过网络为消费者提供一个产品或服务的经营活动
   C. 消费者与消费者之间通过网络进行产品或服务的经营活动
   D. 企业与政府之间通过网络进行产品或服务的经营活动

2. B2C 电子商务模式是指（　　）。
   A. 企业与企业之间通过网络进行产品或服务的经营活动
   B. 企业通过网络为消费者提供一个产品或服务的经营活动
   C. 消费者与消费者之间通过网络进行产品或服务的经营活动
   D. 企业与政府之间通过网络进行产品或服务的经营活动

3. C2C 电子商务模式是指（　　）。
   A. 企业与企业之间通过网络进行产品或服务的经营活动
   B. 企业通过网络为消费者提供一个产品或服务的经营活动
   C. 消费者与消费者之间通过网络进行产品或服务的经营活动
   D. 企业与政府之间通过网络进行产品或服务的经营活动

4. 以下表述中，不正确的是（　　）。
   A. Internet 是电子商务的基础，是商务、业务信息传送的载体
   B. Intranet 是企业内部商务活动的场所
   C. Extranet 是企业与企业，以及企业与个人进行商务活动的纽带
   D. Internet 就是 Intranet

5. 以下关于信息流的描述分类中，正确的是（　　）。
   A. 信息流包括商品信息的提供、促销营销、技术支持、售后服务等内容
   B. 信息流包括诸如询价单、报价单、付款通知单、转账通知单等商业贸易单证
   C. 信息流包括交易方的支付能力、支付信誉、中介信誉
   D. 上述三个选项均包含

6. 关于电子商务，以下描述不正确的是（　　）。
   A. 核心是降低个人、组织和社会的交易成本和管理成本，提高商务活动的效率

B. 目的是提高商务劳动的经济效益
C. 本质是发展新的先进的商务生产力
D. 重心是减少成本,增加收益

7. 电子支付系统不包括( )。
   A. 预支付系统　　B. 延时支付系统　　C. 及时支付系统　　D. 后支付系统

8. 以下不是主要的电子支付工具的有( )。
   A. 电子货币支付工具　　　　　　　　B. 卡基类支付工具
   C. 电子支票支付工具　　　　　　　　D. 电子现金支付工具

9. 电子商务与网络营销的关系,不正确的是( )。
   A. 网络营销与电子商务研究的范围不同,网络营销与电子商务的关注重点不同
   B. 电子商务与网络营销是密切相关的,网络营销是电子商务的组成部分
   C. 网络营销就是电子商务,电子商务也就是企业在进行网络营销
   D. 开展网络营销并不等于一定实现了电子商务(指实现网上交易),但实现电子商务一定以开展网络营销为前提,因为网上销售被认为是网络营销的职能之一

10. 企业微博营销在透露公司主要指标的基础上,不包含( )。
    A. 利用博客对客户或关注人群有一个合理的引导
    B. 将公司的相关成绩或产品及时发布在博客上
    C. 及时更新信息
    D. 管理企业的客户群

11. ( )是利用当前金融机构的计算机技术和通信技术提供金融商业服务的系统。
    A. 电话银行　　B. 金融 Call Center　　C. POS 系统　　D. ATM 系统

12. ( )是指将银行的计算机系统通过通信线路和设备与安装在特约商户(商店、宾馆等)营业柜台上的销售点终端相连接所构成的以方便客户持卡购物、旅游等为主要目的的系统。
    A. 电话银行　　B. 金融 Call Center　　C. POS 系统　　D. ATM 系统

13. 采购市场模式一般是( )。
    A. 由行业主导企业或企业联盟建立的买方市场平台
    B. 由制造企业建立的独立的电子商务交易平台
    C. 以第三方中介提供的平台进行信息沟通并达成交易
    D. 借助一些行业垂直类电子商务网站平台

14. 销售市场模式一般是( )。
    A. 由行业主导企业或企业联盟建立的买方市场平台
    B. 由制造企业建立的独立的电子商务交易平台
    C. 以第三方中介提供的平台进行信息沟通并达成交易
    D. 借助一些行业垂直类电子商务网站平台

15. 综合 B2B 市场模式一般是( )。
    A. 由行业主导企业或企业联盟建立的买方市场平台
    B. 由制造企业建立的独立的电子商务交易平台

C. 以第三方中介提供的平台进行信息沟通并达成交易

D. 借助一些行业垂直类电子商务网站平台

16. 行业 B2B 模式一般是（   ）。
    A. 由行业主导企业或企业联盟建立的买方市场平台
    B. 由制造企业建立的独立的电子商务交易平台
    C. 以第三方中介提供的平台进行信息沟通并达成交易
    D. 借助一些行业垂直类电子商务网站平台

17. 移动电子商务的发展历程不包括（   ）。
    A. 以短讯为基础的移动电子商务技术
    B. 采用基于 WAP 技术的方式
    C. 融合了 3G 移动技术、智能移动终端、VPN、数据库同步、身份认证及 Web service 等多种移动通信、信息处理和计算机网络的最新的前沿技术
    D. 融合了 4G 移动技术的方式

18. 以下关于本地化电子商务的特征描述，不正确的是（   ）。
    A. 本地化经营更容易建立信任度和满足售后需求
    B. 本地化经营更容易弥补物流短板
    C. 本地化经营更容易满足卖家的盈利需求
    D. 本土化经营售后服务时效性更强

19. 从生产力角度分析电子商务的发生与发展对商务劳动进行历史进程的变迁分析和归纳，不包含的内容是（   ）。
    A. 商务劳动的工具   B. 商务劳动的对象
    C. 商务劳动的方式   D. 商务劳动的劳动者技能

20. 淘宝网主要是（   ）电子商务模式。
    A. B2B   B. B2C   C. C2C   D. B 和 C 都包含

21. 当当网主要是（   ）电子商务模式。
    A. B2B   B. B2C   C. C2C   D. B2G

22. ERP 是一个综合的计算机系统，用来管理包括有形资产、资金、物料和人力资源在内的企业内部和（   ）。
    A. 外部资源   B. 产品资源   C. 信息资源   D. 无形资产

23. ERP 是一种在制造、分销或服务业公司中进行有效的计划和（   ）且为接收、制造、发运和解决客户订单问题所需的所有资源的方法。
    A. 管理   B. 控制   C. 整合   D. 计算

24. ERP 系统可以采用集中式服务器设计，也可以通过提供服务的模块化硬件和软件单元实现（   ），并采用局域网通信。
    A. 分列式设计   B. 集中式设计   C. 分布式设计   D. 聚集式设计

25. 在 ERP 应用的发展期阶段，ERP 的应用范围已从制造业扩展到（   ）和服务业，并且由于不断的实践探索，应用效果也得到了显著提高。
    A. 医药卫生   B. 交通运输   C. 机械机电   D. 分销

26. 应用ERP软件，可以帮助企业总部与各层次的分支机构之间实现动态、实时的信息交换，从而实现整个企业的（　　）。
    A. 纵向集成　　　B. 横向集成　　　C. 功能集成　　　D. 事务集成

27. 应用ERP软件实现企业管理功能上的集成，把企业产、供、销、人、财、物等生产经营要素与环节集成为一个有机整体，从而实现企业业务功能的（　　）。
    A. 纵向集成　　　B. 横向集成　　　C. 功能集成　　　D. 事务集成

28. 应用ERP软件，可以帮助企业实现物流、资金流、信息流、（　　）的高度集成和统一，使企业逐步走向虚拟、敏捷和互动的高级形态。
    A. 产品流　　　B. 商品流　　　C. 人才流　　　D. 工作流

29. ERP的运用使物料管理的透明度大大增加，从而压缩了库存资金，减少了（　　）；规范了生产计划管理，理顺了物流，使计划细化到了日节拍。
    A. 采购费用　　　B. 财务费用　　　C. 管理费用　　　D. 采购成本

30. ERP的运用，促进企业转变经营机制，主要包括以下几个方面：市场销售工作的转变、生产管理的转变、采购管理的转变和（　　）。
    A. 人力资源管理的转变　　　B. 供应商管理的转变
    C. 客户管理的转变　　　　　D. 财务管理的转变

31. 由于ERP从MRPⅡ发展而来，所以它最初的应用是在（　　）。
    A. 医药卫生　　　B. 交通运输　　　C. 机械机电　　　D. 制造业

32. ERP为企业带来的效益包括定量的效益、（　　）及转变企业经营机制三个方面。
    A. 生产的效益　　　B. 运营的效益　　　C. 定性的效益　　　D. 组织的效益

33. 经过了导入期的孕育、萌芽和发展，到了（　　）年，在ERP软件市场上出现了中国自己的品牌。
    A. 1996　　　B. 1997　　　C. 1998　　　D. 1999

34. 常见的国外欧美风格系统有SAP、Oracle、（　　）等。
    A. Sage　　　B. SQL　　　C. WPS　　　D. Office

35. ERP的实施必须有一个非常高的优先级，即（　　），仅次于企业的正常运营。
    A. 第一位　　　B. 第二位　　　C. 第三位　　　D. 第四位

36. 实施应用ERP系统的关键因素有三个，即（　　）、数据和人。
    A. 技术　　　B. 资金　　　C. 硬件　　　D. 软件

37. ERP不是一个单纯的计算机系统，而是一个以计算机为工具的（　　）的系统。
    A. 硬件　　　B. 软件　　　C. 人　　　D. 网络

38. 在实施和应用ERP系统的过程中，为了转变人们的思维方式和行为方式，形成企业整体的共识，企业高层领导必须抓好教育和（　　）工作。
    A. 管理　　　B. 培训　　　C. 控制　　　D. 服务

39. 预测作为向经营规划、销售与运作规划和（　　）提供输入信息的环节是十分重要的。
    A. 长期生产计划　　　B. 中长期生产计划　　　C. 短期生产计划　　　D. 主生产计划

40. 许多ERP用户的报告表明，客户服务水平可以得到极大的提高，平均提高到（　　）以上。
    A. 80%　　　　　　B. 85%　　　　　　C. 90%　　　　　　D. 95%

41. （　　）的出现，使得生产管理有了完整的知识体系，实现了生产管理的专业化。
    A. MRP　　　　　　B. MRP Ⅱ　　　　　C. ERP　　　　　　D. CRM

42. ERP提供了生产计划和（　　）的工具，但决定的因素还是使用这些工具的人。
    A. 财务管理　　　　B. 控制管理　　　　C. 人力资源管理　　D. 库存管理

43. 使用ERP系统，一个企业能够很容易地建立一份（　　）个月到1年的采购计划。
    A. 5　　　　　　　B. 6　　　　　　　C. 7　　　　　　　D. 8

44. 从生产的角度看，（　　）的输出是已下达的和计划下达的生产订单，即车间作业计划。
    A. 主生产计划　　　B. 物料需求计划　　C. 采购计划　　　　D. 库存计划

45. 投资决策是一个复杂的过程，项目投资的决策必须由企业（　　）作出。
    A. 高层领导　　　　B. 中层领导　　　　C. 基层领导　　　　D. 员工

46. ERP实施的关键因素，不包括（　　）。
    A. 技术　　　　　　B. 数据　　　　　　C. 人　　　　　　　D. 资金

47. 决策支持系统基本概念最早20世纪70年代初由美国M. S. Scott Morton教授在《管理决策系统》一文中首先提出，当时人们称其为人机决策系统或（　　）。
    A. 管理信息系统　　B. ERP　　　　　　C. 人机信息系统　　D. 管理决策系统

48. "管理就是决策"，这是当代管理科学最具代表性的学者之一，（　　）年诺贝尔经济学奖得主赫伯特·西蒙（Herbert Simon）博士的名言。
    A. 1976　　　　　　B. 1977　　　　　　C. 1978　　　　　　D. 1979

49. 管理决策是企业为了实现（　　）而在计划、组织、指挥、协调和监督等方面所作选择的过程。
    A. 战略目标　　　　B. 执行目标　　　　C. 策略目标　　　　D. 管理目标

50. 现代管理理论认为：企业管理的核心是经营活动过程必须面向市场，突出重点，抓住主线，以获取最大（　　）、社会效益为主要目标。
    A. 直接效益　　　　B. 经济效益　　　　C. 间接效益　　　　D. 边际效益

51. 决策制定过程一般分为（　　）个阶段。
    A. 三　　　　　　　B. 四　　　　　　　C. 五　　　　　　　D. 六

52. 在几个可供选择的方案中确定采用哪一个方案，需要对各种方案进行可行性分析和比较，属于决策制定的第（　　）阶段。
    A. 一　　　　　　　B. 二　　　　　　　C. 三　　　　　　　D. 四

53. 决策的支撑基础是（　　）。
    A. 资金　　　　　　B. 能源　　　　　　C. 信息　　　　　　D. 人力

54. 以下不属于决策过程中信息联系的阶段的是（　　）。
    A. 发送信息　　　　B. 加工信息　　　　C. 传递信息　　　　D. 接收信息

55. 以下不属于决策问题的是（　　）。
    A. 结构化问题　　B. 半结构化问题　　C. 非结构化问题　　D. 全结构化问题
56. 选择决策方案的原则是满意原则，而非（　　）。
    A. 最差原则　　B. 折中原则　　C. 最强原则　　D. 最优原则
57. 市场需求的变化，将直接影响到企业对生产经营过程所作出的决策。所以，准确的预测是正确决策的前提和（　　）。
    A. 条件　　B. 内容　　C. 依据　　D. 关键
58. 通过比较性决策，确定出企业最合理生产经营方案，最大限度地提高企业的经济效益和（　　）。
    A. 利润　　B. 社会效益　　C. 产品质量　　D. 人员素质
59. 目标是指在一定环境和条件下，在（　　）的基础上，希望能够达到的结果。
    A. 计划　　B. 科学预测　　C. 统筹　　D. 规划
60. 领导者和决策者对几种决策方案进行分析、比较的客观依据就是（　　）。
    A. 企业信息　　B. 产品信息　　C. 市场需求　　D. 社会效益
61. 在管理学科中，通常把（　　）定义为数据经过加工处理后得到的结果。
    A. 数字　　B. 文字　　C. 信息　　D. 方案
62. 决策过程中的信息联系，就是指进行决策时所必需的信息（　　）过程。
    A. 归纳　　B. 整理　　C. 加工　　D. 传递
63. 一个完整的（　　）模式被表示为DSS本身及它与真实系统、管理者和外部环境的关系。
    A. 系统
    B. 计算机系统
    C. 决策支持系统
    D. 计算机辅助系统
64. DSS的基本结构主要由数据库子系统、模型库子系统、（　　）构成。
    A. 输入子系统
    B. 输出子系统
    C. 数据处理子系统
    D. 用户接口子系统
65. 模型库子系统包括模型库，其中包含财务、统计、管理科学或其他定量模型，可提供（　　），由模型库管理系统（MBMS）为用户提供建模语言和功能，以及模型库管理功能。
    A. 系统模拟功能
    B. 系统分析功能
    C. 系统输出功能
    D. 系统反馈功能
66. 通过用户接口子系统，用户与DSS通信并使用DSS协调和控制数据库子系统和模型库子系统的管理和（　　）。
    A. 运行　　B. 维护　　C. 分析　　D. 模拟
67. 以下不属于决策支持系统组件的是（　　）。
    A. 模型管理　　B. 网络管理　　C. 数据管理　　D. 用户界面管理
68. 以下不属于DSS的系统环境的是（　　）。
    A. 决策者的认识风格
    B. 系统有关的邻近信息系统
    C. 基础管理者的态度
    D. 决策任务的特征

69. 模型管理系统是负责（　　）决策支持系统的模型。
    A. 存储和维护　　　B. 决策与预测　　　C. 加工和处理　　　D. 输入与输出

70. （　　）是若干决策者针对大型问题或复杂问题，在共同环境和一定的目标下发挥相互联系或相互制约的作用，通过共同协商，寻求各方都满意的结果。
    A. 个体决策　　　B. 群体决策　　　C. 总体决策　　　D. 高层决策

71. 以下不属于GDSS（群体决策支持系统）应用类型的是（　　）。
    A. 决策室　　　B. 决策范围　　　C. 局部决策网　　　D. 远程决策制定

72. 商业智能实质上是数据转化为信息的过程，这一过程也可称为（　　），其目的是把初始的操作型数据变成决策所使用的商务信息。
    A. 信息供应链　　　B. 信息处理链　　　C. 商业供应链　　　D. 商业数据

73. 从数据仓库的结构可以看出，实际上数据仓库系统主要由三大技术构成，下列技术不包含的是（　　）。
    A. 数据仓库技术　　　　　　　　B. 数据存储技术
    C. 联机分析处理技术　　　　　　D. 数据挖掘技术

74. （　　）是联机分析处理，它表示为了分析活动而设计和优化的数据结构。
    A. OLAP　　　B. OLTP　　　C. OLCP　　　D. OLDP

75. （　　）是侧重于数据读取方面的应用活动，而不是为了更有效地修改数据而对数据进行的优化活动。
    A. 分析活动　　　B. 修改活动　　　C. 策划活动　　　D. 事物活动

76. 切片是指（　　）。
    A. 在某个维度选取特定的值，在该维度值不变的情况下，根据其他的维度对数据进行展现。这就相当于从多维立方体中"切出"一个截面
    B. 限定一个或多个维度的取值范围得到的数据展现结果，就好像从多维立方体中"切"出一个立方数据库来一样
    C. 变换维度方向，即在表格中重新安排维度的位置（如行列互换），以获得所需的分析视角
    D. 在选定数据范围只有，进一步查询细节数据。从另外一种意义来说，钻取就是针对多维展现的数据，进一步探求其内部组成和来源。只要维度具有层级结构，下钻处理就是可行的
    E. 选定特定的数据范围之后，对之进行汇总统计以获得更高层面的信息。上卷统一要求维度有层级结构

77. 切块是指（　　）。
    A. 在某个维度选取特定的值，在该维度值不变的情况下，根据其他的维度对数据进行展现。这就相当于从多维立方体中"切出"一个截面
    B. 限定一个或多个维度的取值范围得到的数据展现结果，就好像从多维立方体中"切"出一个立方数据库来一样
    C. 变换维度方向，即在表格中重新安排维度的位置（如行列互换），以获得所需的分析视角

D. 在选定数据范围只有进一步查询细节数据。从另外一种意义来说，钻取就是针对多维展现的数据，进一步探求其内部组成和来源。只要维度具有层级结构，下钻处理就是可行的

E. 选定特定的数据范围之后，对之进行汇总统计以获得更高层面的信息。上卷统一要求维度有层级结构

78. 旋转是指（　　）。

    A. 在某个维度选取特定的值，在该维度值不变的情况下，根据其他的维度对数据进行展现。这就相当于从多维立方体中"切出"一个截面

    B. 限定一个或多个维度的取值范围得到的数据展现结果，就好像从多维立方体中"切"出一个立方数据库来一样

    C. 变换维度方向，即在表格中重新安排维度的位置（如行列互换），以获得所需的分析视角

    D. 在选定数据范围只有进一步查询细节数据。从另外一种意义来说，钻取就是针对多维展现的数据，进一步探求其内部组成和来源。只要维度具有层级结构，下钻处理就是可行的

    E. 选定特定的数据范围之后，对之进行汇总统计以获得更高层面的信息。上卷统一要求维度有层级结构

79. 下钻是指（　　）。

    A. 在某个维度选取特定的值，在该维度值不变的情况下，根据其他的维度对数据进行展现。这就相当于从多维立方体中"切出"一个截面

    B. 限定一个或多个维度的取值范围得到的数据展现结果，就好像从多维立方体中"切"出一个立方数据库来一样

    C. 变换维度方向，即在表格中重新安排维度的位置（如行列互换），以获得所需的分析视角

    D. 在选定数据范围只有进一步查询细节数据。从另外一种意义来说，钻取就是针对多维展现的数据，进一步探求其内部组成和来源。只要维度具有层级结构，下钻处理就是可行的

    E. 选定特定的数据范围之后，对之进行汇总统计以获得更高层面的信息。上卷统一要求维度有层级结构

80. 上卷是指（　　）。

    A. 在某个维度选取特定的值，在该维度值不变的情况下，根据其他的维度对数据进行展现。这就相当于从多维立方体中"切出"一个截面

    B. 限定一个或者多个维度的取值范围得到的数据展现结果，就好像从多维立方体中"切"出一个立方数据库来一样

    C. 变换维度方向，即在表格中重新安排维度的位置（如行列互换），以获得所需的分析视角

    D. 在选定数据范围只有进一步查询细节数据。从另外一种意义来说，钻取就是针对多维展现的数据，进一步探求其内部组成和来源。只要维度具有层级结构，

下钻处理就是可行的

E. 选定特定的数据范围之后，对之进行汇总统计以获得更高层面的信息。上卷统一要求维度有层级结构

81. 关于知识的表述，错误的是（ ）。
    A. 从广义上理解，数据、信息也是知识的表现形式
    B. 人们更把概念、规则、模式、规律和约束等看作知识
    C. 数据、信息也就是我们所说的知识
    D. 人们把数据看作形成知识的源泉，好像从矿石中采矿或淘金一样

82. 商业智能的概念最早是 Gartner Group 于（ ）年提出来的。
    A. 1996　　　　　B. 1998　　　　　C. 1989　　　　　D. 1988

83. 商业智能建设阶段的（ ）工作，主要是评估组织本身是否具备实施商业智能的条件，确定系统的规模和范围，规划各种资源并启动项目。
    A. 项目规划　　　B. 企业需求定义　　C. 数据设计　　　D. 维护

84. 以下关于商业智能的说法中，（ ）是不恰当的。
    A. 商业智能通过对组织中分散的、独立存在的大量数据进行分析，并转化为有用知识，帮助企业进行决策
    B. 商业智能是数据仓库、OLAP 和数据挖掘等技术的综合运用
    C. 商业智能中的数据挖掘技术可以取代传统的数据报表，来为决策提供支持
    D. 商业智能应能提供业务解决方案

85. EDI 的中文解释是（ ）。
    A. 企业数据传输　　B. 电子数据交换　　C. 企业资源计划　　D. 电子资金转账

86. 电子商务中被广泛接受的两种安全认证协议是（ ）。
    A. EDI 与 SET　　B. SSL 和 EDI　　C. URL 和 EDI　　D. SSL 和 SET

87. 不属于社交网站的有（ ）。
    A. 新浪微博　　　B. 校内网　　　　C. 开心网　　　　D. 当当网

88. 下列哪个网站的商业模式是 B2B 电子商务模式的（ ）。
    A. 亚马逊　　　　B. 凡客诚品　　　C. 1688　　　　　D. 新浪

89. 下列关于电子商务的说法正确的是（ ）。
    A. 电子商务的本质是技术　　　　B. 电子商务就是建网站
    C. 电子商务是泡沫　　　　　　　D. 电子商务的本质是商务

90. 电子钱包的作用不包括（ ）。
    A. 完成网上支付　　　　　　　　B. 对商家身份进行确认
    C. 管理电子货币　　　　　　　　D. 处理交易记录

91. 制造商和外部原材料供应商之间的电子商务属于（ ）。
    A. B2B　　　　　B. G2B　　　　　C. B2C　　　　　D. C2C

92. 在电子商务概念由低到高的发展过程中，最低级的阶段是（ ）。
    A. 电子交易　　　B. 电子目录　　　C. 电子商业　　　D. e-企业

93. 在电子商务概念由低到高的发展过程中，最高级的阶段是（   ）。
    A. 电子交易   B. 电子目录   C. 电子商业   D. e-企业
94. 电子商务中的 B2C 方式是指（   ）。
    A. 企业对企业   B. 企业对企业和顾客
    C. 企业对顾客   D. 顾客对企业
95. B2C 交替的流程分为哪四个阶段（   ）？
    A. 产品需求、收集产品资料、产品比较、购买产品
    B. 产品需求、报价、产品比较、购买产品
    C. 产品需求、收集产品资料、下单、购买产品
    D. 产品需求、报价、下单、购买产品
96. B2B 的交易方式包括哪五个阶段（   ）？
    A. 产品需求、收集产品资料、产品比较、下单、购买产品
    B. 请购、报价、选择厂商、下单、付款作业
    C. 请购、收集产品资料、选择厂商、下单、付款作业
    D. 请购、报价、选择厂商、产品比较、付款作业
97. 商务信息的（   ）是进行电子商务的前提。
    A. 安全   B. 全面   C. 完整性   D. 唯一性
98. CA 认证中心的主要作用是（   ）。
    A. 加密数据   B. 发放数字证书   C. 安全管理   D. 解密数据
99. 电子商务安全协议 SET 主要用于（   ）。
    A. 信用卡安全支付   B. 数据加密   C. 交易认证   D. 电子支票支付
100. 电子商务交易活动中无法完全由 Internet 实现的是（   ）。
    A. 商流   B. 物流   C. 信息流   D. 资金流

二、多项选择题

1. 传统商务活动具有（   ）的局限性。
    A. 信息不完善   B. 耗费时间长，花费高
    C. 库存和产品的积压，生产周期长   D. 客户服务有限
2. 与传统的商务活动方式相比，电子商务具有以下几个比较优势（   ）。
    A. 交易虚拟化   B. 交易成本低   C. 交易效率高   D. 集成性
    E. 协调性   F. 交易透明化   G. 优化社会资源配置
    H. 有利于企业的技术创新活动与市场进行无缝链接
    I. 提高企业内部团队合作效率
3. 按照开展电子交易的范围分类，电子商务可以分为（   ）。
    A. 本地电子商务   B. 远程国内电子商务
    C. 全球电子商务   D. 远程国际电子商务
4. 按照交易对象的不同，可以将电子商务分为（   ）。
    A. 数字化商品电子商务   B. 非数字化商品电子商务

C. 网上服务电子商务 D. 网上咨询电子商务

5. 按照参与主体的性质不同，电子商务可以分为（　　　）。
   A. B2B　　　B. B2C　　　C. C2C　　　D. B2G　　　E. G2B

6. 电子商务用户主要包含（　　　）。
   A. 个人用户　　B. 企业用户　　C. 银行用户　　D. 普通用户
   E. 专业用户

7. 下面关于企业电子商务框架的描述，正确的有（　　　）。
   A. 一个企业实体上游连接着供应商，下游连接着客户，因此，供应商管理与客户管理已成为企业不可缺少的内容
   B. 企业实体除了本身具有的商业场所外，还应有虚拟商厦、虚拟配送中心、虚拟银行等，虚拟商务将成为传统企业的发展方向
   C. 物流管理是企业实施电子商务中物流的具体实现
   D. 支付结算是企业中资金流的体现
   E. 网络技术、数据库技术、网站建设等基础技术是企业实现电子商务、进行信息化管理的基础

8. 电子商务架构是描述电子商务的（　　　）的总体性结构体系。
   A. 组成元素　　B. 影响要素　　C. 运作机理　　D. 信息文件

9. 安全电子支付的基本技术要求有（　　　）。
   A. 真实性　　B. 保密性　　C. 完整性　　D. 不可抵赖性

10. 企业应如何做好网络营销（　　　）？
    A. 明确自己的推广营销目标　　B. 了解潜在的客户
    C. 了解客户的特征　　D. 分析得到潜在用户的活动平台
    E. 根据客户的特征给客户提供产品的亮点

11. 制订网络营销计划的步骤主要包括（　　　）。
    A. 进行情境分析　　B. 确定最终利益相关者
    C. 确立目标　　D. 设计营销组合战略以实现目标
    E. 设计行动计划　　F. 制定预算
    G. 制订评估计划

12. 适合开展零售电子商务的产品包括（　　　）。
    A. 信息产品
    B. 需求高度个性化的商品
    C. 独特的产品
    D. 购买目标不明确和搜寻成本较高的商品
    E. 名牌日用消费品
    F. 适合竞价的商品

13. 零售交易的电子商务模式包括（　　　）。
    A. 生产厂家直销型　　B. 零售商主导型
    C. 纯虚拟零售型　　D. 虚拟商城

14. 电子银行业务包括（　　　）。
    A. 利用计算机和互联网开展的银行业务（网上银行业务）
    B. 利用移动电话和无线网络开展的银行业务（手机银行业务）
    C. 利用电话等声讯设备和电信网络开展的银行业务（电话银行业务）
    D. 利用电子服务设备和网络，由客户通过自助服务方式完成金融交易的银行业务

15. 银行提供的电子商务服务，除了网络银行电子商务服务方式之外，还通过以下（　　　）提供电子商务服务。
    A. 电话银行系统　　　　　　　　B. 金融 Call Center
    C. 自助银行　　　　　　　　　　D. 电子资金转账系统
    E. 自动柜员机系统

16. ERP 的核心部分 MRP 模拟制造企业中物料计划与控制的实际过程，它要回答并解决的几个问题是（　　　）。
    A. 要制造什么产品
    B. 用什么零部件或原材料来制造这些产品
    C. 手中有什么零部件或原材料
    D. 库存产品还有多少
    E. 还应当再准备什么零部件或原材料

17. ERP 能够为企业做什么（　　　）？
    A. ERP 能够解决多变的市场与均衡生产之间的矛盾
    B. ERP 使得对客户的供货承诺做得更好
    C. ERP 可以改变企业中的部门本位观
    D. ERP 可以提高质量并降低成本
    E. ERP 能解决既有物料短缺又有库存积压的库存管理难题

18. ERP 在我国的应用和发展过程，大致可划分为以下四个阶段（　　　）。
    A. 启蒙期　　　B. 导入期　　　C. 发展期　　　D. 成熟期
    E. 普及期

19. 应用 ERP 软件，可以帮助企业实现（　　　）的高度集成和统一，使企业逐步走向虚拟、敏捷和互动的高级形态。
    A. 物流　　　　　　　　　　　　B. 资金
    C. 产品流　　　　　　　　　　　D. 信息流
    E. 工作流

20. ERP 为企业带来的效益包括（　　　）。
    A. 定量的效益　　B. 定性的效益　　C. 产品的利润
    D. 转变企业经营机制　E. 员工的积极性

21. 实施应用 ERP 系统的关键因素有（　　　）。
    A. 技术　　　　B. 资金　　　　C. 数据　　　　D. 人
    E. 环境

22. ERP 项目的实施，绝不仅仅是实施一个计算机系统，最重要的是通过（　　　）ERP 管理思想和原理，全面提高企业的管理水平，使企业在竞争中立于不败之地。
    A. 接受　　　　B. 引进　　　　C. 消化　　　　D. 吸收
    E. 服从

23. 影响到 ERP 成功实施的因素包括（　　　）。
    A. 人员或环境的变化　　　　B. 生意锐减
    C. 企业的管理　　　　　　　D. 竞争的压力
    E. 新的政府法规

24. ERP 系统的运行和管理要实现以下两个目标（　　　）。
    A. 要保持已有的水平不要降低　　　　B. 提高企业的竞争优势
    C. 利润的最大化　　　　　　　　　　D. 提高员工的素质
    E. 争取越来越好

25. 既能让 ERP 的运行管理保持已有的水平不要降低，又要争取越来越好，必须做到以下几个方面（　　　）。
    A. 清醒的认识　　　　　　B. 有效的组织
    C. 认真的检测　　　　　　D. 继续教育和培训
    E. 做好软件维护工作

26. ERP 的运用，促进企业转变经营机制，主要包括以下几个方面（　　　）。
    A. 市场销售工作的转变　　　　B. 生产管理的转变
    C. 人力资源管理的转变　　　　D. 采购管理的转变
    E. 财务管理的转变

27. 目前，常见的中国大陆风格系统有（　　　）。
    A. 用友　　　　B. 正航　　　　C. 金蝶　　　　D. 普实
    E. 惠普

28. 常见的中国台湾风格系统有（　　　）。
    A. 神州数码（鼎新）　B. 用友　　　C. 正航　　　D. 天思
    E. 金蝶

29. 目前，常见的国外欧美风格系统有（　　　）。
    A. SAP　　　　B. Oracle　　　C. 普实　　　　D. Sage
    E. HP

30. ERP 为企业带来的定量的效益主要包括（　　　）。
    A. 降低库存投资　　　　　B. 降低采购成本
    C. 提高生产率　　　　　　D. 提高客户服务水平
    E. 增加利润

31. ERP 为企业带来的定性的效益主要包括（　　　）。
    A. 提高工程开发效率和促进新产品开发
    B. 提高产品质量、提高管理水平
    C. 为科学决策提供依据

D. 充分发挥人的作用、提高企业生活质量
E. 潜在的影响和提供更多的就业机会

32. 运用 ERP 使企业实现了（　　　　）的统一，使物料变化的同时，资金形态的变化也随之得到反映。
    A. 物流　　　　　B. 工作流　　　　C. 资金流　　　　D. 信息流
    E. 事务流

33. 管理决策是企业为了实现管理目标而在（　　　　）等方面所作选择的过程。
    A. 计划　　　　　B. 组织　　　　　C. 指挥　　　　　D. 协调
    E. 监督

34. 现代管理理论认为：企业管理的核心是经营活动过程必须面向市场，突出重点，抓住主线，以获取最大（　　　　）为主要目标，紧紧围绕市场需求变化就企业一系列生产经营活动作出决策。
    A. 售后服务　　　B. 经济效益　　　C. 竞争优势　　　D. 社会效益
    E. 剩余价值

35. 拟订决策方案时，决策者必须利用已收集到的各种企业信息进行认真、科学的加工整理，使之成为系统的企业信息资料，然后对企业信息资料进行（　　　　），找出经济发展变化的客观趋势。
    A. 归纳　　　　　B. 推理　　　　　C. 分析　　　　　D. 评价
    E. 判断

36. 决策的基本内容包括以下几个方面（　　　　）。
    A. 市场需求预测
    B. 促销决策
    C. 对产品生产组合方案作出决策
    D. 信息处理
    E. 确定最合理生产经营方案决策

37. 决策制定过程一般分为以下几个阶段（　　　　）。
    A. 进行科学预测和确定决策目标
    B. 拟订各种可供选择的决策方案
    C. 在几个可供选择的方案中确定采用哪一个方案
    D. 执行选中的方案，检测实施的结果，并作出必要的调整
    E. 适时修改实施的方案

38. 在决策的第一阶段的一系列工作中，必须进行企业信息的（　　　　）。
    A. 收集　　　　　B. 整理　　　　　C. 加工　　　　　D. 传递
    E. 利用

39. 决策过程中的信息联系分为以下几个阶段（　　　　）。
    A. 搜集信息　　　B. 发送信息　　　C. 传递信息　　　D. 接收信息
    E. 使用信息

40. 决策支持系统是（　　　　）几个部分的有机结合体。
    A. 模型库系统　　B. 数据库系统　　C. 知识推理系统
    D. 管理信息系统　E. 人机交互系统

41. 决策者给决策支持系统带来实际知识，这些技能以（　　　　）和其他相关形式存在。
    A. 经验　　　　B. 直觉　　　　C. 知识　　　　D. 判断
    E. 视觉

42. DSS 与 MIS 相比更先进一步，是因为它强调以下几点（　　　　）。
    A. 将模型并入信息系统软件
    B. 为高层管理提供有用信息，以便支持那些相对而言结构化程度比较低的决策行为，如支持半结构化的决策活动
    C. 比 MIS 更能支持结构化问题的决策
    D. 提供给用户强有力然而并不难掌握的与系统之间的人机交互能力，即用户能够用较为简单的语言向系统咨询，并从系统得到科学的、有效的决策支持
    E. 比 MIS 更加智能化

43. MIS 只是强调数据处理能力的提高，但它所（　　　　）和提供的信息，还远未能够对管理工作产生积极的影响，没有强调对决策工作积极的支持。
    A. 加工　　　　B. 收集　　　　C. 存储　　　　D. 处理
    E. 传输

44. DSS 与 MIS 的主要联系如下（　　　　）。
    A. MIS 收集、存储组织机构所提供的大量基础信息，是 DSS 工作的基础，而 DSS 能使 MIS 组织和保存的信息，真正发挥作用
    B. MIS 需要担负起反馈信息的收集工作，可以支持 DSS 进行结果检验和评价
    C. DSS 的工作可以对 MIS 工作进行检查和审计，为 MIS 的改进及完善指出了方向
    D. DSS 经过反复使用，所涉及的问题模式和数据模式逐步明确，逐步结构化，可并入 MIS 的工作范围
    E. DSS 需要担负起反馈信息的收集工作，可以支持 MIS 进行结果检验和评价

45. 以下属于 DSS 与 MIS 的主要区别的是（　　　　）。
    A. MIS 完成的是例行业务活动中的信息处理任务，而 DSS 完成的是辅助支持决策活动，提供决策所需的信息
    B. MIS 所追求的目标是高效率，MIS 是设法将事情办得快一些，而 DSS 追求的目标则是有效性，即想办法把事情办得尽可能好一些，亦即提高决策的效果
    C. MIS 的设计方法是以数据驱动的，而 DSS 的设计方法是以模型驱动的，模型管理系统是 DSS 软件系统的核心
    D. MIS 的分析着重体现系统全局的、总体的信息需求，而 DSS 的分析着重体现决策者的信息需要
    E. MIS 趋向于信息的集中管理，而 DSS 趋向于信息的分散使用

46. 下列属于决策支持系统使用信息的主要来源的是（　　　　）。
    A. 组织内部信息　　B. 基层信息　　C. 外部信息　　D. 高层信息
    E. 个人信息

47. 从系统的观点来看，下列属于DSS总体结构所涉及的几个方面是（　　　）。
    A. DSS的系统环境　　　　　　　　　B. DSS的目标和功能
    C. DSS的组成成分　　　　　　　　　D. DSS的成分布局
    E. DSS所需的资源

48. 决策任务的结构可划分为以下几个级别（　　　）。
    A. 模拟控制　　B. 作业控制　　C. 管理控制　　D. 战略控制
    E. 决策优化

49. 下面属于成功地使用数据挖掘工具和技术在最大程度上提高其竞争优势的步骤的是（　　　）。
    A. 问题定义　　B. 发现信息　　C. 制订计划　　D. 采取行动
    E. 监测效果

50. 下列属于GDSS的特性的是（　　　）。
    A. GDSS是一个支持群决策的支持系统，它需要专门设计，不是多个DSS的简单组合
    B. GDSS能减少群中部分消极行为的影响
    C. GDSS不能减少群中部分消极行为的影响
    D. GDSS能完成群决策过程和得出群决策方案，并在组织管理者的指导下得到群决策结果
    E. GDSS能支持在一个地点举行的群决策会议，也能支持远程的决策会议，并得到决策问题的结果

51. 数据分析工具一般包括（　　　），这些工具结合商业处理规则为决策者提供决策辅助信息。
    A. 联机分析处理　　　　　　　　　B. 数据挖掘工具
    C. 统计分析工具　　　　　　　　　D. 其他人工智能工具

52. 对商业智能系统的理解，从（　　　）层面展开。
    A. 信息系统层面　　B. 数据分析层面　　C. 知识发现层面　　D. 战略层面

53. 商业智能的体系结构由下至上分为（　　　）几个层次。
    A. 数据来源　　B. 数据存储　　C. 数据分析　　D. 数据加工

54. 商业智能系统从数据仓库的逻辑结构看，有（　　　）。
    A. 直接报表　　　　　　　　　　　B. 独立数据集市
    C. HubandSpoke企业级数据仓库　　D. 统一的企业级数据仓库

55. 通过多维数据集，可以实现对数据进行（　　　）等分析动作，以求剖析数据使用户能够从多种维度、多个侧面、多种数据综合度查看数据，从而了解数据背后蕴含的规律。
    A. 切片　　B. 切块　　C. 聚合　　D. 钻取
    E. 旋转

56. 多维数据集更适合采用反规范化的关系数据存储的原因是这种方式（　　　）。
    A. 更具伸缩性　　B. 性能更好　　C. 更容易使用　　D. 更能扩展

57. 数据挖掘过程包括如下几个阶段（　　　　）。
    A. 商业理解　　　B. 数据理解　　　C. 数据准备　　　D. 建模
    E. 评估　　　　　F. 扩展

58. 数据挖掘的目标就是从大量的数据中提取（　　　　）知识和信息，为人类的生活、生产、科研与决策等行为提供可靠而科学的依据。
    A. 隐藏的　　　　B. 潜在的　　　　C. 现实的　　　　D. 有用的

59. 数据挖掘的关联与因果分析功能包括发现数据集中的（　　　　）。
    A. 依赖关系　　　B. 主从关系　　　C. 时序关系　　　D. 因果关系

60. 数据挖掘的功能主要有（　　　　）。
    A. 概念描述　　　B. 关联与因果分析　　C. 分类与预测　　D. 聚类分析
    E. 异常分析

61. 下列关于商务智能系统的优点的描述，正确的是（　　　　）。
    A. 商业智能系统不仅支持最新的IT技术，同时也提供了打包的应用解决方案
    B. 商业智能系统着眼于终端用户对业务数据的访问和业务数据的传送，它同时为信息提供者和信息消费者提供支持
    C. 商业智能系统支持对所有格式商务信息的访问，而不仅仅是那些存储在数据仓库中的信息
    D. 商业智能系统能更好地满足用户需求

62. 一般认为，商业智能的组成部分包括（　　　　）。
    A. 数据仓库　　　B. OLAP　　　　C. 数据挖掘技术　　D. MDX

63. 商业智能的基础是数据仓库，它具有的特征如下（　　　　）。
    A. 数据仓库是面向主题的　　　　B. 数据仓库是集成的
    C. 数据仓库是非易失的　　　　　D. 数据仓库随时间的变化性

64. 下列描述正确的是（　　　　）。
    A. 数据预处理是整合企业原始数据的第一步，它包括数据的抽取、转换和装载三个过程
    B. 建立数据仓库则是处理海量数据的基础
    C. 数据分析是体现系统智能的关键，一般采用联机分析处理和数据挖掘两大技术
    D. 在海量数据和分析手段增多的情况下，数据展现则主要保障系统分析结果的可视化

65. 下列描述正确的是（　　　　）。
    A. 商业智能是一种解决方案
    B. 商业智能的目标是如何更快、更容易地作更好的决策
    C. 商业智能通常被理解为将企业中现有的数据转化为知识，帮助企业作出明智的业务经营决策的工具
    D. 从技术层面上讲，商业智能不是什么新技术，它只是数据仓库、OLAP和数据挖掘等技术的综合运用

三、判断题

1. 商业自动化的不断完善和发展为电子商务的产生提供了良好的生长环境。（   ）
2. 按照商业活动的运行方式，可以将电子商务分为完全电子商务和不完全电子商务。（   ）
3. 电子商务是运用现代电子计算机技术尤其是网络技术进行的一种社会生产经营形态，根本目的是通过降低经营成本，实现社会财富最大化。（   ）
4. 电子商务基本组成要素中的"网络"主要是指 Internet。（   ）
5. 数字证书是一个包含证书持有人、个人信息、公开密钥、证书序号有效期、发证单位的电子签名等内容的数字文件。（   ）
6. 物流主要是指商品和服务的配送渠道。（   ）
7. 电子商务是利用先进的电子网络技术、先进的电子工具开展的商务活动。（   ）
8. 简单地说，网络营销就是以互联网为主要手段进行的为达到一定盈利目的的营销活动。（   ）
9. 企业可以通过企业博客或微博的形式进行对内对外交流沟通，达到增进客户关系、改善商业软环境、拉进与关注人群的距离的效果。（   ）
10. 企业可以采用互联网互动式广告营销模式进行营销，可以利用百度这样的平台，去刷新企业的百度排名，将企业相关信息及成功案例上传至百度等相关页面，提高企业点击率，从而达到广泛宣传的目的，其投资回报率较高。（   ）
11. 网上零售系统可以划分为前台销售、后台管理、系统维护和辅助服务。（   ）
12. 制造业电子商务以 B2C 模式为主，通过重视利用信息技术、加强企业内部信息化建设和加强对工艺、生产流程、管理流程的改造带来迅速发展。（   ）
13. 根据制造企业生产销售的特点，制造企业电子商务是以 B2B 模式为主的电子商务业务发展模式，典型特征是从上游商家采购原材料和零配件，并向下游商家供货和分销。（   ）
14. 依据不同的市场定位和交易方关系，制造企业电子商务市场模式一般包含以买方为主导的采购市场模式、以卖方为主导的销售市场模式、供应链整合模式、综合 B2B 市场模式和行业 B2B 模式。（   ）
15. 电子商务不仅仅是一种贸易的新形式，从其本质上说，电子商务应该是一种业务转型。（   ）
16. 企业资源计划（ERP）也称企业资源规划，是一个综合的计算机系统，用来管理包括有形资产、资金、物料和人力资源在内的企业内部和外部资源；是一种在制造、分销或服务业公司中进行有效的计划和控制且为接收、制造、发运和解决客户订单问题所需的所有资源的方法。（   ）
17. ERP 在重工业中的应用最经典、最充分。（   ）
18. ERP 系统可以采用集中式服务器设计，也可以通过提供服务的模块化硬件和软件单元实现分布式设计，并采用局域网通信。（   ）
19. ERP 系统可以采用集中式服务器设计，也可以通过提供服务的模块化硬件和软件单

元实现分布式设计,并采用广域网通信。(　　)
20. ERP能够解决多变的市场与均衡生产之间的矛盾。(　　)
21. 通过ERP系统,可以提高生产率,提高产品质量,但不能降低成本。(　　)
22. ERP在我国的应用和发展过程,大致可划分为启蒙期、导入期和发展期三个阶段(　　)
23. 应用ERP软件,可以帮助企业总部与各层次的分支机构之间实现动态、实时的信息交换,从而实现整个企业的横向集成。(　　)
24. 应用ERP软件实现企业管理功能上的集成,把企业产、供、销、人、财、物等生产经营要素与环节集成为一个有机整体,从而实现企业业务功能的纵向集成。(　　)
25. 应用ERP软件,可以帮助企业实现物流、资金流、信息流、工作流的高度集成和统一,使企业逐步走向虚拟、敏捷和互动的高级形态。(　　)
26. 完成信息化建设的企业,其建立在信息化手段基础上的管理制度与方法更加规范,管理流程更加合理,信息更加透明,客户响应速度更快,组织内部各单元、跨组织之间的业务协调更加顺畅。(　　)
27. ERP为企业带来的效益主要是定量的效益和定性的效益。(　　)
28. 运用ERP管理思想和计算机系统,使管理和业务流程得到了规范和优化。(　　)
29. ERP的运用,为企业培养和锻炼了一批既懂计算机知识,又懂管理的专业人才,使职工素质得到了明显提高。(　　)
30. ERP的运用,促进企业转变经营机制,主要包括市场销售工作的转变、财务管理的转变。(　　)
31. 实施应用ERP系统的关键因素有两个,即技术、数据。(　　)
32. 教育和培训是伴随ERP实施和应用的一项无休止的活动,如果没有关于继续教育和培训的有效计划,那么对长期成功地运行管理ERP系统将是一个最大的威胁。(　　)
33. 按实施方法划分,ERP主要存在两派:一派是以经营管理为核心的实施方法;一派是以生产管理为核心的实施方法。(　　)
34. 一般常见的品牌系统都有大、中、小三个甚至更多的级别划分。(　　)
35. 决策支持系统基本概念最早于20世纪60年代初由美国M. S. Scott Morton教授在《管理决策系统》一文中首先提出,当时人们称其为人机决策系统或管理决策系统。(　　)
36. 市场需求是企业从事生产经营活动的导向。市场需求的变化,将直接影响到企业对生产经营过程所作出的决策。所以,准确的预测是正确决策的前提和依据。(　　)
37. 促销决策是企业从事生产经营活动的导向。(　　)
38. 决策前之所以要进行预测,是因为决策总是确定未来的发展方向,指导未来的行动。(　　)
39. 决策者的创造性思维就是对企业信息的加工处理,进行准确的判断,拟订几种可供选择的决策方案。(　　)

40. 信息被用来反映客观事物的规律，从而为管理工作提供依据。（   ）
41. 任何一个决策问题的求解过程都可归属于高度结构化（有计划可依）与高度非结构化（没有计划可依）两个极端之间的某一点。（   ）
42. 模型是一些事件、事实和状况的综合。（   ）
43. 决策任务的可结构性间接影响 DSS 的模型部件。（   ）
44. 决策任务的可结构性对接口部件没有明显影响。（   ）
45. 决策过程主要包括情报、设计和选择三个阶段。（   ）
46. 数据挖掘就是从大量的、不完全的、有噪声的、模糊的、随机的数据中，提取出隐含在其中的、人们事先不知道的但又是潜在、有用的信息和知识的过程。（   ）
47. 问题定义主要是对要解决的某一问题进行概括。（   ）
48. 制订一个有针对性的市场促销计划是一项困难的任务，计划的内容必须基于及时、有效的信息，这样才能保证计划的目标能够准确地跟上人们的消费行为及市场的变化。（   ）
49. 目前，GDSS 有四种应用类型，即决策室（decision room）、局部决策网（local decision network）、远程会议（teleconferencing）、远程决策制定（remote decision making）。（   ）
50. 商业智能所涉及的技术与应用，在 Gartner Group 命名之前就有，起初被称为经理信息系统（EIS），在羽化成商业智能之前叫决策支持系统（DSS）。（   ）
51. 商业智能系统从商业智能的概念结构看，包含数据源、数据准备区、数据仓库数据库、数据集市/知识挖掘库，以及用于数据访问和分析的各种管理工具和应用工具。（   ）
52. 一个商业智能项目的成功取决于技术，也取决于它是否将重心放在实际的商业过程上，是否能够为商业决策提供支持。（   ）
53. 针对 OLAP 应用建模的数据存储通常采用一种特定的反规范化建模方式（即星形建模方式）进行反建模。（   ）
54. 多维数据集是 n 维的结构，它可以在无限维度内存储数据。（   ）
55. 在 OLAP 中需要引入一种新的表达式 MTX 来实现多维分析的目标。（   ）
56. 正是为了满足从大量数据中提取出隐藏在其中的有用信息的需求，将机器学习应用于大型数据库的数据挖掘技术得到了长足的发展。（   ）
57. 聚类实质上是一种有监督的学习方法，其目的就是找出数据集中的共性与差异，并将具有共性的数据对象聚合在同一类别中，每一聚类的特性通常是可以分析解释的。（   ）
58. 数据挖掘在具体应用中，各种技术方法有共同的思路和步骤，也存在很大的差异和区别，但最终的目标都是发现有价值的知识和信息。（   ）
59. 在数据仓库中，粒度越小，数据越细，查询范围就越广泛。相反，粒度级别越高，表示细节程度越低，查询范围越小。（   ）
60. 商业智能系统主要包括数据预处理、建立数据仓库、数据分析及数据展现四个主要阶段。（   ）

61. 商业智能具有传统 DSS 所不具有的强大的数据管理、数据分析与知识发现能力。（   ）
62. 商业智能的目标与 DSS 的不同，是为了提高企业决策的效率和准确性。（   ）
63. 数据仓库主要有星形和雪花形两种架构。（   ）
64. 数据仓库中的主数据和元数据是同一个概念。（   ）

四、填空题

1. 电子商务即 EC，一般来说是指利用电子信息网络等（   ）进行的商务活动，是指商务活动的电子化、网络化。
2. 电子商务要求的是整个（   ）的改变，是利用信息技术实现商业模式的创新与改革。
3. 电子商务的基本组成要素有网络、用户、（   ）、认证中心、银行、商家。
4. 认证中心是受法律承认的权威机构，负责发放和管理（   ），使网上交易的各方能互相确认身份。
5. 物流配送即接受商家的送货要求，组织运送（   ）的商品，跟踪产品的流向，将商品送到消费者手中。
6. （   ）即在 Internet 上实现传统银行的业务，为用户提供 24 小时实时服务；与信用卡公司合作发放电子钱包，提供网上支付手段，为电子商务交易中的用户和商家服务。
7. 电子商务的任何一笔交易都包含以下三种基本的"流"，即物流、（   ）和信息流。
8. 资金流主要是指资金的（   ），包括付款、转账、兑换等过程。
9. （   ）是通过信息流的传输来代替现金的交换，其各种支付方式都是通过数字化方式自动完成交易款项的支付。
10. （   ）就是以国际互联网为基础，利用数字化的信息和网络媒体的交互性来辅助营销目标实现的一种新型的市场营销方式。
11. 零售是指向最终消费者个人或社会集团出售生活消费品或非生产性消费品及相关服务，以供其（   ）之用的全部活动。
12. （   ）是指采用数字化电子方式进行银行数据交换和开展银行业务的活动，是在互联网与传统信息技术相互结合背景下产生的一种相互关联的动态银行活动。
13. （   ）是指通过现代网络信息技术手段实现旅游商务活动各环节的电子化，包括通过网络发布、交流旅游基本信息和旅游商务信息，以电子手段进行旅游宣传促销、开展旅游售前售后服务、进行电子旅游交易；也包括旅游企业内部流程的电子化及管理信息系统的应用等。
14. 制造业实施电子商务需要进行正确的（   ），选择适合自己产品特点与市场发展的模式尤为重要。
15. 数字化、网络化与（   ）是 21 世纪的时代特征。

16. HP 公司认为，变换企业业务运作模式、改变企业竞争策略、提升企业间业务合作伙伴关系，是企业在电子世界中获得成功的（　　　　　）。
17. （　　　　　）是指通过手机、PDA、掌上电脑等手持移动终端从事的商务活动。
18. （　　　　　），即将线下商务的机会与互联网结合在了一起，让互联网成为线下交易的前台。
19. （　　　　　），就是认识或不认识的消费者联合起来，加大与商家的谈判能力，以求得最优价格的一种购物方式。
20. 本地电子商务采用的是（　　　　　），具有很大的发展潜力，是未来电子商务发展模式之一。
21. ERP 是英文 enterprise resource planning 的缩写，中文意思是（　　　　　）。
22. ERP 是一个以管理会计为核心的信息系统，通过识别和（　　　　　）企业资源，从而获取客户订单，完成加工和交付，最后得到客户付款。
23. ERP 系统可以采用集中式服务器设计，也可以通过提供服务的（　　　　　）和软件单元实现分布式设计，并采用局域网通信。
24. 应用 ERP 软件，可以帮助企业总部与各层次的分支机构之间实现（　　　　　）、实时的信息交换，从而实现整个企业的纵向集成。
25. 应用 ERP 软件实现企业管理功能上的集成，把企业产、供、销、人、财、物等生产经营要素与环节集成为一个有机整体，从而实现企业业务功能的（　　　　　）。
26. 应用 ERP 软件，可以帮助企业实现物流、资金流、（　　　　　）、工作流的高度集成和统一，使企业逐步走向虚拟、敏捷和互动的高级形态。
27. 使用 ERP 系统之后，库存量一般可以降低百分之（　　　　　）至百分之三十五。
28. 以 ERP 作为通信工具，减少了文档及其传递工作，减少了混乱和重复的工作，从而提高了（　　　　　）的生产率。
29. ERP 系统作为计划、（　　　　　）和通信的工具，使得市场销售和生产制造部门可以在决策及日常活动中有效地相互配合。
30. 通过 ERP，把（　　　　　）和销售与运作规划这样的高层管理计划分解转换为低层次上的各种详细的计划，这些计划要由企业的每个员工去遵照执行。
31. 运用 ERP 管理思想和计算机系统，使管理和业务流程得到了规范和（　　　　　）。
32. 在运用 ERP 的过程中，预测作为向经营规划、销售与运作规划和（　　　　　）提供输入信息的环节是十分重要的，主生产计划决定生产什么，决定将要采购和制造的物料量及人工量。
33. ERP 的出现，使得生产管理有了完整的知识体系，实现了生产管理的（　　　　　）。
34. 使用 ERP 系统，一个企业能够很容易地建立一份 6 个月到（　　　　　）的采购计划。
35. 实施应用 ERP 系统的三个关键因素中，其中（　　　　　）的因素是最重要的。
36. 环境的变化可以有多种因素，生意剧增可能导致顾不上 ERP 的实施，生意锐减可能导致难以负担项目实施的费用，竞争的压力、（　　　　　）等，都可能影响到 ERP 的实施。

37. 常见的中国大陆风格系统有（　　　　）、金蝶、普实等品牌。
38. 常见的中国台湾风格系统有神州数码（鼎新）、（　　　　）、天思等品牌。
39. 在ERP启蒙期，所引进的MRP Ⅱ系统的应用范围局限于传统的（　　　　），如机床制造、汽车制造等行业。
40. 在ERP应用的发展期阶段，ERP的应用范围已从制造业扩展到分销和（　　　　），并且由于不断的实践探索，应用效果也得到了显著提高。
41. ERP的运用使物料管理的透明度大大增加，从而压缩了（　　　　），减少了采购费用；规范了生产计划管理，理顺了物流，使计划细化到了日节拍。
42. ERP的运用，促进企业转变经营机制，主要包括以下几个方面：市场销售工作的转变、生产管理的转变、（　　　　）、财务管理的转变。
43. ERP强调企业的整体观，它把生产、财务、销售、（　　　　）、采购等各个子系统结合成一个一体化的系统，各子系统在统一的数据环境下工作。
44. 成功企业的管理经验总结起来，就是（　　　　）、透明、快捷、协同。
45. 把ERP作为整个企业的（　　　　），使得企业整体合作的意识和作用加强。
46. （　　　　），简称DSS，是在传统的管理信息系统理论基础上发展起来的一个适用于不同领域的、概念和技术都是全新的信息系统发展分支，也是目前发展最为迅速的一个分支。
47. 决策支持系统基本概念最早于20世纪70年代初由美国M. S. Scott Morton教授在《管理决策系统》一文中首先提出，当时人们称其为（　　　　）或管理决策系统。
48. 决策的（　　　　）阶段，即拟订各种可供选择的决策方案阶段。
49. 在竞争市场上，企业为促进产品市场销售、扩大市场占有率，都要制定一定的经营上的销售战略，具体表现为产品市场（　　　　）的运用。
50. 企业可根据历史资料数据，结合市场调查，运用数学方法建立不同竞争企业可能采取的营销策略，就企业最佳促销手段的运用作出（　　　　），测算出竞争条件下企业可望达到的销售量、销售额和市场占有率。
51. 对已初步形成的企业生产经营方案进行全面预算，结合产品市场销售收入和成本费用，进行产品盈亏分析，并就其他生产经营费用投入及资金贷款额度等财务计划作出决策，制订出一套完整的企业（　　　　）方案，测算出制订方案下的企业生产经营成果。
52. 在预测的同时，还要确定决策（　　　　）。
53. 不少关于管理的著作中，明确地把决策的第一阶段确定为收集（　　　　）阶段，把收集企业信息作为决策的前期基本工作。
54. 决策的第四阶段，即（　　　　）阶段就是执行选中的方案，检测实施的结果，并作出必要的调整。
55. 决策的支撑基础是（　　　　）。
56. 人们获取信息，就是为了使（　　　　）更加合理、科学，以便在未来改造客观世界的行动中得到更大的收益。

57. 企业信息对决策的作用可归结为企业信息是决策的（　　　　），决策方案是对企业信息进行加工后的"产品"。

58. 决策过程中的信息传递过程是一种（　　　　）的过程，包括信息从外界向决策者传递和信息自决策者向外界传递。

59. 自20世纪50年代以来，结构化与半结构化问题的决策，尤其是在作业控制与管理控制类的决策问题中，已出现了不少计算机（　　　　）。

60. 决策支持系统的狭义定义是，一个高度灵活和具有良好交互性的、用于对非结构化问题的决策提供（　　　　）的信息系统。

61. 信息技术加速了信息的产生，提供了精密复杂的处理过程，能够帮助（　　　　）创建对决策有用的信息。

62. 高效率并不等于（　　　　），只有科学的、正确的决策才能带来好的效益，为企业带来活力与旺盛的生命力。

63. DSS面向决策，针对半结构化甚至于非结构化的决策问题，不光重视数据管理，更强调模型管理对决策的支持作用。可见，MIS发展到DSS也标志着由数据管理到（　　　　）的扩展。

64. 数据库子系统包括数据库，其中包含关于决策问题的有关数据，并由（　　　　）进行管理。

65. 模型管理（model management）组件包括（　　　　）和决策支持系统模型管理系统。

66. 数据管理（data management）组件存储和（　　　　）使用决策支持系统时所需的信息。

67. 数据挖掘广义的定义为在一些事实或观察数据的集合中寻找模式的（　　　　）的过程。

68. （　　　　）是若干决策者针对大型问题或复杂问题，在共同环境和一定的目标下发挥相互联系或相互制约的作用，通过共同协商，寻求各方都满意的结果。

69. 群体决策相对个人决策要复杂得多，它是一个涉及不同的个体、时间、地点、（　　　　），以及个人偏好和其他技术的复杂组合，它的运行方式与社会制度及文化有着十分密切的关系。

70. 群决策支持系统（group decision support system，GDSS）的目的就在于超越时空限制为群体决策人员提供工作环境，并力图提供一种系统方法，有组织地指导（　　　　）、议事日程、讨论形式、决议内容等，从而提高群体决策的效能。

71. （　　　　）实际上是帮助企业提高决策能力和运营能力的概念、方法、过程及软件的集合。

72. 商业智能的（　　　　）是将企业所掌握的信息转换成竞争优势，提高企业决策能力、决策效率、决策准确性。

73. 商业智能系统从（　　　　）看，由数据仓库基本功能层、数据仓库管理层、数据仓库环境支持层组成。

74. 整个商业智能系统生命周期，是以（　　　　）作为起点的。

第三部分 信息系统的商业领域应用

75. OLTP 是（　　　　　），它用来描述为了处理事务性活动而设计和优化的关系数据存储。

76. OLAP 最主要的功能和特点就是其结合不同的维度对数据进行（　　　　　），可以通过切片、切块、旋转，从多个维度、多个侧面来观察信息，并且可以对感兴趣的信息进行进一步的深挖（下钻），以获得细节。

77. MDX 是这样一种语言，它可以表达（　　　　　）数据库上的选择、计算和一些元数据定义等操作，并赋予用户表现查询结果的能力。

78. 一个（　　　　　）是来自一个或多个维度的成员结合，它本质上是个多维成员。

79. 从技术角度看，（　　　　　）就是从大量的、不完全的、有噪声的、模糊的、随机的实际应用数据中，提取隐含在其中的、人们事先不知道的、但又是潜在有用的信息和知识的过程。

80. 数据挖掘的目标就是从大量的数据中提取隐藏的、潜在的和有用的（　　　　　），为人类的生活、生产、科研与决策等行为提供可靠而科学的依据。

81. 数据挖掘技术的选择将影响最后结果的（　　　　　）。

82. 数据挖掘是从数据中抽取正确的、有用的、以前未知的及可理解的信息，并使用该信息作（　　　　　）的过程。

83. 数据仓库的（　　　　　）是关于数据仓库中数据的数据，它的作用类似于数据库管理系统的数据字典，保存了逻辑数据结构、文件、地址和索引等信息。

84. 商业智能不像专门的决策支持系统那样提供方案生成、方案协调、方案评估等功能，更不具备（　　　　　）。

85. 电子商务是（　　　　　）的延伸，是其范围的扩展，理论、方法、模型等均相同。

86. 电子商务的（　　　　　）分为四个层次和两个支柱，两个支柱分别是技术标准和政策法规。

87. 电子商务活动的直接参与者不包括（　　　　　）。

88. （　　　　　）是一种以数据形式流通的，能被消费者和商家接受的，通过 INTERNET 购买商品或服务时使用的货币。

89. （　　　　　）即企业或其他经济组织为了强化其核心竞争力，把非核心业务的物流管理、物流作业或物流设施等部分或全部外包出去，并与专业物流公司建立双赢的互动协作关系，直至进一步建立市场竞争战略联盟过程。

90. （　　　　　）是企业整体营销战略的一个组成部分，是创建在互联网基础之上，借助于互联网特性来实现一定营销目标的一种营销手段。

参 考 答 案

一、单项选择题

1. A	2. B	3. C	4. D	5. D	6. D	7. B	8. A	9. C	10. D
11. B	12. C	13. A	14. B	15. C	16. D	17. D	18. C	19. C	20. D
21. B	22. A	23. B	24. C	25. D	26. A	27. B	28. D	29. A	30. D
31. D	32. C	33. B	34. A	35. B	36. A	37. C	38. B	39. D	40. D
41. C	42. B	43. B	44. B	45. A	46. D	47. D	48. C	49. D	50. B
51. B	52. C	53. C	54. B	55. D	56. D	57. C	58. B	59. B	60. A
61. C	62. D	63. C	64. D	65. B	66. A	67. B	68. C	69. A	70. B
71. B	72. A	73. B	74. A	75. A	76. A	77. B	78. C	79. D	80. E
81. C	82. A	83. A	84. C	85. B	86. D	87. D	88. C	89. D	90. B
91. A	92. B	93. D	94. C	95. A	96. B	97. A	98. B	99. A	100. B

二、多项选择题

1. ABCD	2. ABCDEFGHI	3. ABC	4. ABC	5. ABCDE
6. AB	7. ABCDE	8. ABC	9. ABCD	10. ABCDE	11. ABCDEFG
12. ABCDEF	13. ABCD	14. ABCD	15. ABCDE	16. ABCE	17. ABCDE
18. ABCE	19. ABDE	20. ABDE	21. ACDE	22. BCD	23. ABDE
24. AE	25. ABCDE	26. ABDE	27. ACDE	28. ACDE	29. ABDE
30. ABCDE	31. ABCDE	32. ACDE	33. ABCDE	34. BD	35. ABDE
36. ABCE	37. ABCD	38. ACDE	39. BCD	40. ABCE	41. ABD
42. ABD	43. BCD	44. ABCD	45. ABCDE	46. ACE	47. ABCDE
48. BCD	49. ABCDE	50. ABDE	51. ABCD	52. ABCD	53. ABC
54. ABCD	55. ABCDE	56. ABC	57. ABCDEF	58. ABD	59. ACD
60. ABCDE	61. ABC	62. ABC	63. ABCD	64. ABCD	65. ABCD

三、判断题

1. T	2. T	3. F	4. F	5. T	6. F	7. T	8. F	9. T	10. T
11. T	12. F	13. T	14. T	15. T	16. T	17. F	18. T	19. F	20. T
21. F	22. F	23. F	24. T	25. T	26. T	27. F	28. T	29. T	30. F
31. F	32. T	33. T	34. T	35. F	36. T	37. T	38. T	39. F	40. T
41. T	42. F	43. F	44. T	45. T	46. T	47. F	48. T	49. T	50. T
51. T	52. F	53. T	54. T	55. F	56. T	57. F	58. T	59. T	60. T
61. T	62. F	63. T	64. F						

四、填空题

1. 电子化手段
2. 生产经营方式价值链
3. 物流配送
4. 数字证书
5. 无法从网上直接得到
6. 网上银行
7. 资金流
8. 转移过程
9. 电子支付
10. 网络营销
11. 最终消费
12. 银行电子商务
13. 旅游电子商务
14. 电子商务市场定位
15. 信息化
16. 关键
17. 移动电子商务
18. 本地化电子商务
19. 团购
20. O2O 模式
21. 企业资源规划
22. 规划
23. 模块化硬件
24. 动态
25. 横向集成
26. 信息流
27. 二十
28. 间接劳力
29. 控制
30. 经营规划
31. 优化
32. 主生产计划
33. 专业化
34. 1 年
35. 人
36. 新的政府法规
37. 用友
38. 正航
39. 机械制造业
40. 服务业
41. 库存资金
42. 采购管理的转变
43. 工程技术
44. 规范
45. 通信系统
46. 决策支持系统
47. 人机决策系统
48. 第二
49. 促销手段
50. 决策
51. 生产经营
52. 目标
53. 企业信息
54. 实施方案
55. 信息
56. 决策
57. "原料"
58. 双向
59. 辅助系统
60. 辅助
61. 决策者
62. 高效益
63. 模型管理
64. 数据库管理系统（DBMS）
65. 决策支持系统模型
66. 维护
67. 决策支持
68. 群体决策
69. 通信方式
70. 信息交流方式
71. 商业智能
72. 目标
73. 数据仓库的层次结构
74. 项目规划
75. 联机事务处理
76. 多维度的分析与查询
77. OLAP
78. 元组
79. 数据挖掘
80. 知识和信息
81. 质量和效果
82. 商业决策
83. 元数据
84. 群体决策的能力
85. 管理信息系统
86. 应用框架
87. 政府机构
88. 数字现金
89. 第三方物流
90. 网络营销

第四部分

信息系统建设

　　信息系统战略规划是信息系统开发的第一步，它的质量对信息系统的开发工作具有重要的影响。企业流程再造工程，它的含义是从组织过程重新出发，从根本上思考每一个活动的价值贡献，然后运用现代的资讯科技，将人力及工作过程彻底改变及重新架构组织内各种关系，它主要是强调对企业现有的核心业务流程进行颠覆性的再思考和设计，从而使得企业的资源得以以流程为中心进行再次整合，最终达到提高企业的运营效率和经营业绩的目的。

　　信息系统分析工作是整个信息系统开发过程中最基础、最重要、最关键的工作，系统分析工作的质量直接关系到系统开发工作的成功与失败，学习信息系统开发技术必须学习和掌握好系统分析的方法与技术，理解系统分析工作所包含的内容，掌握系统分析工作的工作步骤和每个步骤的具体任务，以及实现使用的方法和技术等。

　　信息安全是指信息网络的硬件、软件及其系统中的数据受到保护，不因偶然的或恶意的原因而遭到破坏、更改、泄露，系统连续可靠正常地运行，信息服务不中断。通过对威胁的分析给出了几种常用的解决办法，杀毒软件作为最常用的信息安全防护手段，主要针对网络或存储设备的病毒进行预防或拦截，是所有系统必须安装的系统防护软件；加密技术完成了对信息储存与传输时的信息安全性；防火墙技术完成了对系统不安全访问与攻击的拦截；认证技术实现了双方通信的安全。

知识点

1. 信息系统规划的诺兰模型；
2. 信息系统建设的生命周期；
3. 信息系统规划的主要内容、原则、作用和主要方法；
4. 信息系统规划的常用方法；
5. 企业流程再造的动力因素；
6. 企业流程再造的主要方法和应用工具；
7. 企业流程再造的主要特点；
8. 可行性分析的内容和工具；
9. 详细调查的方法、内容和策略；
10. 系统分析的定义、原则、步骤和方法；
11. 系统分析常用工具；
12. 信息安全的含义；
13. 信息系统受到的威胁；
14. 系统安全的评价标准和防护措施；
15. 网络信息安全。

一、单项选择题

1. 管理信息系统建设过程中，最主要考虑的是（　　）。
   A. 现有发展水平　　　　　　　　B. 开发方法的选用
   C. 用户需求　　　　　　　　　　D. 合作伙伴的选择
2. 在以下系统规划方法中，（　　）能抓住主要矛盾，使目标的识别突出重点。
   A. 价值链分析法　　　　　　　　B. 企业系统规划法
   C. 战略目标集转化法　　　　　　D. 关键成功因素法
3. 在系统开发过程中，总体规划所处的阶段是（　　）。
   A. 系统分析　　B. 系统设计　　C. 系统实施　　D. 运行与维护
4. 确定系统的主要功能和结构工作应完成的阶段是（　　）。
   A. 可行性分析　　B. 总体规划　　C. 初步调查　　D. 详细调查
5. 系统开发计划工作应完成的阶段是（　　）。
   A. 可行性分析　　B. 总体规划　　C. 初步调查　　D. 详细调查
6. 系统规划的特点是（　　）。
   A. 结构化程度高　　　　　　　　B. 面向最终用户
   C. 主要是技术问题　　　　　　　D. 与企业发展战略相适应
7. 管理信息系统的规划的关键问题包括（　　）。
   A. 应选择先进的解决方案　　　　B. 要比组织发展战略更超前
   C. 对环境变化要有应变能力　　　D. 要特别重视技术因素

8. 关于系统规划，以下哪条叙述是正确的（　　）。
   A. 关键成功因素法属于全面调查法
   B. 企业系统规划法属于重点突破法
   C. 信息系统的战略主要表达业务控制层的管理需求
   D. 信息系统应能适应组织机构及管理体制的变化

9. 系统规划的主要任务不包括（　　）。
   A. 制定管理信息系统的发展战略
   B. 确定组织的信息需求，形成管理信息系统的总体结构方案
   C. 制订系统建设的资源分配计划
   D. 确定计算机软硬件的方案

10. 管理信息系统建设的复杂性不包括（　　）。
    A. 建设的复杂性　　　　　　　　B. 编写程序和文档的复杂性
    C. 用户需求的多样性　　　　　　D. 建设内容和技术手段的复杂性

11. 在控制的基础上，组织重新连接系统中的硬件，建立集中式的数据库开发新系统，努力整合现有的信息系统是以下哪个阶段（　　）。
    A. 蔓延阶段　　　B. 控制阶段　　　C. 集成阶段　　　D. 成熟阶段

12. 以下哪个不是信息系统的生命周期（　　）。
    A. 进入期　　　　B. 成长期　　　　C. 成熟期　　　　D. 扩展期

13. 以下哪个不是信息系统规划的作用（　　）。
    A. 能更加接近信息系统目标的完成　　B. 合理分配信息系统投资
    C. 找出企业现存问题　　　　　　　　D. 作为将来信息系统考核的标准

14. 生命周期法是一种基于（　　）的系统开发方法。
    A. 接受式开发策略　　　　　　　B. 直线式开发策略
    C. 迭代式开发策略　　　　　　　D. 实验式开发策略

15. 以下哪个不是信息系统规划的组织内容（　　）。
    A. 确定领导小组　　B. 作好经费预算　　C. 人员培训　　D. 进度规划

16. 结构化系统开发方法适用开发（　　）。
    A. 大型复杂系统　　　　　　　　B. 大量复杂计算系统
    C. 批处理系统　　　　　　　　　D. 简单小型系统

17. 用原型设计法开发管理信息系统时，建造系统原型最好是采用（　　）。
    A. 机器语言　　　B. 汇编语言　　　C. 第四代语言　　D. BASIC 语言

18. 生命周期法的特点是（　　）。
    A. 采用自下而上的开发方法　　　B. 系统开发周期短
    C. 系统开发适应性强　　　　　　D. 适于开发大系统

19. 把组织的战略目标转变为 MIS 战略目标的过程是什么方法（　　）？
    A. 关键成功因素法　　　　　　　B. BSP 方法
    C. 战略目标集转换法　　　　　　D. 原型法

20. 下述对可行性分析叙述不正确的是（　　）。
    A. 经济可行性分析要考虑支出费用
    B. 技术可行性分析要考虑开发人员的水平
    C. 管理可行性分析要考虑管理方面的基础工作
    D. 可行性分析要考虑提出新系统的逻辑方案

21. 用结构化程序设计的方法设计程序时，程序由三种基本逻辑结构组成，其中不包括（　　）。
    A. 顺序结构　　　B. 随机结构　　　C. 循环结构　　　D. 选择结构

22. 以下哪个不是详细调查的方式（　　）。
    A. 重点询问调查
    B. 可行性调查
    C. 全面业务需求分析的问卷调查
    D. 信息需求调查

23. 以下不是原型法开发系统过程特点的是（　　）。
    A. 整体性强　　　　　　　B. 开发周期短
    C. 使用灵活　　　　　　　D. 循环往复的反馈

24. 生命周期法开发系统强调整体性，采用（　　）。
    A. 先确定逻辑模型，再设计物理模型的方法
    B. 先设计物理模型，再确定逻辑模型的方法
    C. 确定逻辑模型和设计物理模型同时进行的方法
    D. 确定逻辑模型和设计物理模型的工作无先后顺序约定

25. 关于系统开发的组织管理工作，以下叙述不正确的是（　　）。
    A. 信息系统是一个人机系统
    B. 系统开发的进度与投入的人力成正比
    C. 信息系统的开发是知识密集、技术密集和劳动密集型的
    D. 人的因素影响很大

26. 系统开发阶段的工作不包括（　　）。
    A. 系统分析　　　B. 系统设计　　　C. 系统更新　　　D. 系统实施

27. 系统分析的目的是（　　）。
    A. 将用户需求与其他解决方法确定下来
    B. 节省投资
    C. 分配资源
    D. 有助于发现企业存在的问题

28. 系统分析是作为哪个阶段的基础（　　）。
    A. 系统规划　　　B. 系统设计　　　C. 系统运行　　　D. 系统维护

29. 绘制信息系统流图基础是新系统的（　　）。
    A. 业务流程图　　B. 数据流程图　　C. 表格分配图　　D. 处理流程图

30. 系统分析的首要任务是（　　）。
    A. 可行性分析　　　B. 进行系统调查　　C. 明确用户需求　　D. 确定开发方法
31. 对数据流程图和业务流程图来说，只有业务流程图含有的内容为（　　）。
    A. 数据流向　　　　B. 系统外部实体　　C. 数据处理　　　　D. 系统中的人员
32. 系统开发过程中最重要、最关键的环节是（　　）。
    A. 系统分析　　　　B. 系统设计　　　　C. 系统实现　　　　D. A&B
33. 以下哪条不是系统分析的原则（　　）。
    A. 适用性原则　　　B. 可靠性原则　　　C. 简单性原则　　　D. 安全性原则
34. 系统分析报告的主要作用是（　　）。
    A. 系统评价的依据　B. 系统设计的依据
    C. 系统实施的依据　D. 系统规划的依据
35. 以下哪个不是结构化分析方法的基本原则（　　）。
    A. 抽象原则　　　　B. 分解原则　　　　C. 集中原则　　　　D. 模块化原则
36. 将一个对象的外部特征和内部的执行细节分割开来叫（　　）。
    A. 抽象　　　　　　B. 封装　　　　　　C. 继承　　　　　　D. 模块化
37. 数据流程图中的外部实体是指（　　）。
    A. 本系统的单位或人员　　　　　　　B. 本系统外的单位或人员
    C. 输入的凭证单据　　　　　　　　　D. 输出的凭证单据
38. 系统分析员应当（　　）。
    A. 善于使用户接受自己的观点
    B. 是用户与计算机技术人员的有效协调协与组织者
    C. 努力使自己获得成功
    D. 满足以上要求
39. 系统分析第一阶段的主要任务是（　　）。
    A. 对当前系统的评价　　　　　　　　B. 清楚了解用户目标
    C. 彻底了解系统管理方法　　　　　　D. A 和 C
40. 统一建模语言是（　　）。
    A. UML　　　　　　B. CML　　　　　　C. HIPO　　　　　　D. DD
41. 帮助系统分析员了解一个组织内部业务活动的内容与工作流程的是（　　）。
    A. 系统流程图　　　B. 数据流程图　　　C. 程序流程图　　　D. 业务流程图
42. 绘制业务流程图的基本符号有（　　）。
    A. 业务处理单位、业务处理功能描述、表格/报表制作、数据/文件存档、收集/统计数据、数据流
    B. 业务处理单位、业务处理功能描述、表格/报表制作、数据/文件存档、数据存储、信息传递过程
    C. 业务处理单位、业务处理功能描述、表格/报表制作、数据/文件存档、收集/统计数据、外部实体
    D. 业务处理单位、业务处理功能描述、表格/报表制作、数据/文件存档、收集/统

计数据、信息传递过程

43. 系统分析是在对系统的（　　）的基础上进行的。
    A. 需求分析　　　B. 详细调查　　　C. 总体设计　　　D. 逻辑设计

44. 实际上，系统分析的结果就是要给出系统的（　　）。
    A. 物理设计　　　B. 总体设计　　　C. 逻辑设计　　　D. 系统设计

45. 业务流程分析属于（　　）阶段。
    A. 系统分析　　　B. 系统设计　　　C. 系统实施　　　D. 系统运行

46. 数据流程分析属于（　　）阶段。
    A. 系统设计　　　B. 系统分析　　　C. 系统实施　　　D. 系统运行

47. 组织/业务关系分析属于（　　）阶段。
    A. 系统分析　　　B. 系统设计　　　C. 系统实施　　　D. 系统运行

48. 建立数据字典属于（　　）阶段。
    A. 系统分析　　　B. 系统设计　　　C. 系统实施　　　D. 系统运行

49. 表达系统的功能性需求或行为是以下什么图（　　）。
    A. 类图　　　　　B. 状态图　　　　C. 用例图　　　　D. 活动图

50. 下述对详细调查叙述正确的是（　　）。
    A. 详细调查是为系统规划提供必要的基础资料
    B. 详细调查是为了解新系统的状况
    C. 详细调查的内容包括数据流程的调查和分析
    D. 详细调查工作完成后进行可行性分析

51. 用例之间没有的关系为（　　）。
    A. 包含　　　　　B. 扩展　　　　　C. 属于　　　　　D. 泛化

52. 以下说法，正确的是（　　）。
    A. 详细调查主要了解系统外部的事情
    B. 详细调查的策略主要采用面谈
    C. 详细调查不需要观察现有系统
    D. 详细调查可以采用原型来验证重要且复杂的功能需求

53. 以下各点中，（　　）不属于构造数据流程图的要素。
    A. 外部实体　　　B. 数据存储　　　C. 处理　　　　　D. 处理部门

54. 数据库设计，属于系统开发的（　　）。
    A. 系统分析阶段　　　　　　　　　B. 系统总体设计阶段
    C. 系统实施阶段　　　　　　　　　D. 系统详细设计阶段

55. 系统设计阶段的任务是完成新系统的（　　）。
    A. 物理设计　　　B. 逻辑设计　　　C. 概念设计　　　D. 程序设计

56. 表达信息系统各功能之间数据传送关系的流程图称为（　　）。
    A. 功能结构图　　B. 信息系统流程图　C. 模块结构图　　D. 数据流程图

57. 数据流图的基本符号包括（　　）。
    A. 数据流、加工、文件、数据源和终点

B. 数据流、处理、加工、数据源和终点
C. 数据流、数据流名、加工、处理
D. 数据源、加工、文件、外部项

58. 通常称数据流图为（　　）。
    A. CAM 图　　　　B. CASE 图　　　　C. DFD 图　　　　D. CAD 图

59. 在生命周期法中，完成新系统逻辑设计工作的阶段是（　　）。
    A. 系统分析阶段　　B. 系统设计阶段　　C. 系统实施阶段　　D. 系统运行阶段

60. 下面哪项不属于信息安全的内容（　　）。
    A. 保密性　　　　B. 可靠性　　　　C. 完整性　　　　D. 真实性

61. 信息安全的评价标准最高级别是（　　）。
    A. A 级　　　　B. B 级　　　　C. C 级　　　　D. D 级

62. 系统设计阶段的主要目的是（　　）。
    A. 程序设计　　　　　　　　　　B. 将新系统的逻辑模型转换为物理模型
    C. 输入输出设计　　　　　　　　D. 设计新系统的目标

63. 系统逻辑模型是一种（　　）。
    A. 设计方案　　　　　　　　　　B. 可以运行的系统
    C. 标准　　　　　　　　　　　　D. 编写完毕的程序

64. 系统设计的最终结果是（　　）。
    A. 系统分析报告　　B. 系统逻辑模型　　C. 系统设计报告　　D. 可行性报告

65. 代码的设计原则不包括（　　）。
    A. 唯一化　　　　B. 规范化　　　　C. 系统化　　　　D. 统一化

66. 计算机病毒的特性不包括（　　）。
    A. 破坏性　　　　B. 自我复制性　　C. 广泛性　　　　D. 隐藏性

67. 代码设计属于（　　）阶段。
    A. 系统分析　　　B. 系统设计　　　C. 系统实施　　　D. 系统运行

68. 输出设计属于（　　）阶段。
    A. 系统分析　　　B. 系统运行　　　C. 系统实施　　　D. 系统设计

69. 系统设计的主要任务不包括（　　）。
    A. 代码设计　　　B. 输入输出设计　　C. 程序设计　　　D. 系统分析

70. Oracle 是一种（　　）。
    A. 文字处理软件　B. 电子表格软件　C. 数据库管理软件　D. 电子演示软件

71. 对于大型程序设计来说，首先应强调的是（　　）。
    A. 运行效率　　　B. 可维护性　　　C. 开发成本　　　D. 使用方便

72. 数据字典的建立是在（　　）。
    A. 系统分析阶段　B. 系统设计阶段　C. 系统实施阶段　D. 系统规划阶段

73. 系统设计的任务是：在系统分析提出的逻辑模型的基础上，科学合理地进行（　　）的设计。
    A. 概念模型　　　B. 逻辑模型　　　C. 物理模型　　　D. 数学模型

74. 在系统设计过程中，比较恰当的设计顺序是（　　）。
    A. 输入设计—输出设计—文件设计—向管理人员提出报告
    B. 文件设计—输入设计—输出设计—向管理人员提出报告
    C. 输出设计—输入设计—文件设计—向管理人员提出报告
    D. 向管理人员提出报告—输入设计—输出设计—文件设计

75. 系统设计工作的重点在于（　　）。
    A. 了解当前系统的状况　　　　B. 了解对系统的要求
    C. 对数据收集与调研　　　　　D. 以上都不是

76. 以下说法不正确的是（　　）。
    A. 任何时候都要备份重要数据
    B. 不要随意下载软件
    C. 可以任意在服务器上运行软件
    D. 重点保护数据共享的网络服务器

77. 将1996年6月15日表示为19960615这种编码类型属于（　　）。
    A. 顺序码　　　B. 多位码　　　C. 上下关联区间码　　　D. 助忆码

78. 程序员编制程序的主要依据是（　　）。
    A. 管理业务流程图　B. 数据流程图　C. 程序设计说明书　D. 决策表

79. 程序不仅应在正常情况下正确地工作，而且在意外情况下也便于处理，这是程序的（　　）。
    A. 可维护性　　　B. 可靠性　　　C. 可理解性　　　D. 效率

80. 系统测试的基本方法有（　　）。
    A. 一般测试法、特别测试法　　　B. 黑盒测试法、白盒测试法
    C. 简单测试法、复杂测试法　　　D. 逻辑测试法、物理测试法

81. 攻击者对合法用户之间的通信信息进行修改、删除、插入，再发送给接收者，这样的网络安全威胁称为（　　）。
    A. 窃听　　　B. 篡改　　　C. 重传　　　D. 非授权访问

82. 在新旧系统转换时，难度最大的转换是（　　）。
    A. 数据的转换　B. 机器的转换　C. 程序的转换　D. 人工的转换

83. 在系统维护中，由于上级部分的要求或用户为了操作方便而提出对程序中某些输入、输出格式与操作方法的修改属于（　　）。
    A. 纠正性维护　B. 改进性维护　C. 扩充性维护　D. 可靠性维护

84. 哪种情况下，系统的开发是成功的（　　）。
    A. 证明系统没有错误　　　　B. 系统只有局部错误
    C. 系统满足用户需求　　　　D. 通过了鉴定

85. 以下关于加密技术，说法正确的是（　　）。
    A. 明文不包括源程序
    B. 将密文转换为明文的过程叫加密
    C. 加密和解密不可逆

D. 加密通常离不开加密算法

86. 系统测试的目的是（　　）。
    A. 证明程序无错　　　　　　　　B. 发现软件的错误
    C. 找出编码错误　　　　　　　　D. 找出数据错误

87. 系统调试包括（　　）。
    A. 程序和模块调试　　B. 子系统调试　　C. 系统调试　　D. A、B、C 都是

88. 管理信息系统投入运行后，要（　　）。
    A. 加强系统维护　　　　　　　　B. 及时更新软件
    C. 建立健全规章制度　　　　　　D. 防止黑客攻击

89. 系统评价标准不包括（　　）。
    A. 信息系统的功能、系统的效率
    B. 系统的可靠性、系统的工作质量
    C. 系统的可变更性及系统的经济性
    D. 系统的整体性和协调性

90. 系统实施的步骤中，不包括（　　）。
    A. 建立以计算机网络为主的硬件环境和软件环境的物理系统
    B. 装载基础数据，进行系统的试运行，完成系统的最后调试
    C. 确定计算机等硬件设备的配置方案
    D. 进行系统的交接，实现其设计目标，对新系统进行系统评价

91. 系统操作人员培训的内容不包括（　　）。
    A. 管理信息系统中所用的主要软件工具的使用
    B. 汉字输入技术
    C. 系统常见故障和故障的处理方法
    D. 程序设计

92. 系统评价的各类技术指标不包括（　　）。
    A. 社会类指标　　B. 经济类指标　　C. 性能类指标　　D. 管理类指标

93. 系统评价的主要工作不包括（　　）。
    A. 做出明确的系统评价方案
    B. 确定各个单项技术指标在整个指标体系中的权重
    C. 对程序设计的评价
    D. 对系统的各大类别技术指标进行综合评价

94. 系统实施的组织管理首先应该（　　）。
    A. 要建立一个企业主要决策者挂帅的核心组织指挥机构
    B. 做好实施管理信息系统的企业内部宣传教育工作
    C. 组织好企业内部有关人员的技术培训工作
    D. 进行系统评价

95. 系统常用的切换方式中没有（　　）。
    A. 直接切换　　B. 并行切换　　C. 间接切换　　D. 分阶段切换

96. 下面哪项属于系统实施的内容（　　）。
    A. 数据结构设计　　B. 项目管理　　C. 需求分析　　D. 人员培训
97. 系统调试时，当程序全部调试完成后，首先应做的事是（　　）。
    A. 系统试运行　　B. 系统正式运行　　C. 编写程序文档资料　　D. 系统交付使用
98. 新系统的第一次评价，应该在（　　）。
    A. 系统投入运行后立即进行
    B. 系统投入运行一段时间后进行
    C. 系统验收的同时进行
    D. 系统验收之前进行
99. 通过验证识别信息的真伪实现对证书持有者身份的认证称为（　　）。
    A. 访问授权　　B. 数字证书　　C. 加密过程　　D. A&C
100. 下列系统切换方法中，最快捷的是（　　）。
    A. 直接切换　　B. 并行切换　　C. 分段切换　　D. 试点切换
101. 下列工作哪些属于管理信息系统实施阶段的内容（　　）。
    A. 模块划分、程序设计、人员培训
    B. 选择计算机设备、输出设计、程序调试
    C. 可行性分析、系统评价、系统转换
    D. 程序设计、设备购买、数据准备与录入
102. 可行性研究的内容一般包括（　　）。
    A. 技术、经济和社会的可行性研究
    B. 技术、管理和开发的可行性研究
    C. 经济、管理和开发的可行性研究
    D. 经济、社会和开发的可行性研究
103. 结构化系统开发方法，将生命周期分为五个阶段，依次为（　　）。
    A. 系统规划、分析、设计、实施、运行等阶段
    B. 系统分析、设计、规划、实施、运行等阶段
    C. 系统规划、设计、分析、实施、运行等阶段
    D. 系统规划、分析、设计、运行、实施等阶段
104. 面向对象方法具有如下特征（　　）。
    A. 必备特性、可选类、开放的可选特性
    B. 封装性、交互性、继承性
    C. 必备特性、多态性、继承性
    D. 抽象性、封装性、继承性、多态性
105. 不属于资源的生命周期的是（　　）。
    A. 产生阶段　　B. 运行阶段　　C. 获得阶段　　D. 服务阶段
106. 下列不属于系统分析的任务的是（　　）。
    A. 对现行系统进行详细调查　　B. 分析业务流程
    C. 分析数据与数据流程　　D. 进行输出设计

107. 结构化系统开发方法的优点不包括（   ）。
    A. 强调系统开发过程的整体性和全局性
    B. 强调以整体优化为前提
    C. 按自顶向下的观点考虑具体的分析设计问题
    D. 开发的周期短，方便随时进行调整
108. 用户开发应用系统的主要手段是（   ）。
    A. 生命周期法   B. 原型法   C. 第四代语言   D. 面向对象方法
109. 信息按照（   ）可以分为战略信息、战术信息和作业信息。
    A. 应用领域   B. 加工顺序   C. 管理的层次   D. 反映形式
110. 决策支持系统主要支持（   ）。
    A. 结构化决策问题   B. 结构化和半结构化决策问题
    C. 结构化和非结构化决策问题   D. 半结构化和非结构化决策问题
111. 企业系统规划法（BSP）的核心是（   ）。
    A. 明确企业目标   B. 定义（识别）业务过程
    C. 定义数据类   D. 确定信息结构
112. 在任一组织内同时存在着三个不同的计划控制层是（   ）。
    A. 战略计划层、管理控制层、操作层   B. 战略计划层、战术计划层、管理层
    C. 战略计划层、业务计划层、操作层   D. 战术计划层、管理控制层、操作层
113. 耦合度描述了（   ）。
    A. 模块内各种元素结合的程度   B. 模块内多个功能之间的接口
    C. 模块之间公共数据的数量   D. 模块之间相互关联的程度

二、多项选择题

1. 结构化系统开发方法具有（   ）特点。
    A. 用户至上   B. 深入调查研究
    C. 严格区分工作阶段   D. 充分预料可能发生的变化
    E. 开发过程工程化
2. 系统调查的方法有（   ）。
    A. 访问   B. 发调查表进行问卷
    C. 召开调查会   D. 参加业务实践
    E. 使用各种图表工具
3. 可行性分析的主要内容有（   ）。
    A. 经济的可行性   B. 政治可行性
    C. 技术的可行性   D. 社会各种因素的可行性
    E. 计算机硬件可行性
4. 信息系统的生命周期含有（   ）。
    A. 进入期   B. 成长期   C. 成熟期
    D. 繁荣期   E. 消退期

5. 以下属于诺兰模型的阶段是（　　）。
   A. 初装　　　　　B. 蔓延　　　　　C. 控制　　　　　D. 集成
   E. 数据信息管理
6. 输入设计的原则有（　　）。
   A. 输入过程尽量复杂化　　　　　B. 减少输入错误
   C. 减少输入延迟　　　　　　　　D. 避免额外步骤
   E. 增加输入量
7. 子系统划分的原则有（　　）。
   A. 子系统要具有相对独立性
   B. 子系统之间数据的依赖性要尽量小
   C. 子系统划分的结果应使数据冗余较小
   D. 子系统的设置应考虑今后管理发展的需要
   E. 子系统的划分应便于系统分阶段实现
8. 流程周期的主要阶段有（　　）。
   A. 规划　　　　　B. 分析　　　　　C. 设计　　　　　D. 实施
   E. 运维
9. 管理信息系统切换的方法有（　　）。
   A. 间接切换法　　B. 交叉切换法　　C. 直接切换法　　D. 并行切换法
   E. 分段切换法
10. 评价信息系统质量的特征和指标的有（　　）。
    A. 系统对用户和业务需求的相对满意程度
    B. 系统的开发过程是否规范
    C. 结果是否完整
    D. 信息资源的利用率
    E. 系统的实用性
11. 管理信息系统战略规划的特点有（　　）。
    A. 方向目标明确　B. 可执行性良好　C. 灵活性好　　　D. 特殊性
    E. 约束能力强
12. 早期管理信息系统规划的主要方法有（　　）。
    A. 关键成功因素法　　　　　　　B. 战略目标集转化法
    C. 企业系统规划法　　　　　　　D. 目标优先权选择法
    E. 企业过程再工程法
13. 制订信息规划的主要作用包括（　　）。
    A. 合理分配和利用企业的信息资源
    B. 节约开发成本
    C. 找出企业存在的问题
    D. 用规划的内容作为将来考核 MIS 开发工作的标准
    E. 理顺工作思路

14. 系统调查的原则包括（　　　　）。
    A. 自顶向下全面展开
    B. 工程化的工作方式
    C. 全面铺开与重点调查结合
    D. 主动沟通和亲和友善的工作方式
    E. 自底向上全面展开

15. 信息系统开发过程中的三个阶段是（　　　　）。
    A. 系统分析阶段　　B. 系统调查阶段　　C. 系统设计阶段　　D. 系统实现阶段
    E. 系统维护阶段

16. BPR 的特点有（　　　　）。
    A. 强调顾客满意　　　　　　　　　B. 使用业绩改进的量度手段
    C. 强调团队合作　　　　　　　　　D. 高层管理者的推动
    E. 在组织中降低决策的层级

17. 结构化方法系统开发的生命周期包括（　　　　）。
    A. 系统规划阶段　　B. 系统分析阶段　　C. 系统设计阶段　　D. 系统运行阶段
    E. 系统维护阶段

18. 面向对象开发方法开发过程包括（　　　　）。
    A. 系统调查　　　B. 需求分析　　　C. 系统设计　　　D. 分析问题性质
    E 整理问题

19. 详细调查的主要工具和方法包括（　　　　）。
    A. 案卷阅读法　　B. 问卷调查法　　C. 座谈会法　　D. 现场观察法
    E. 访谈法

20. 属于系统分析报告内容的是（　　　　）。
    A. 数据描述　　　　　　　　　　　B. 系统目标和开发的可行性
    C. 新系统的逻辑方案　　　　　　　D. 功能需求
    E. 组织情况简述

21. 以下是网络管理软件的是（　　　　）。
    A. 分布式数据库系统　　　　　　　B. 文件管理系统
    C. 网络运行管理系统　　　　　　　D. 网络设置系统
    E. 网络安全管理系统

22. 网络的通信方式有（　　　　）。
    A. Email 通信　　　B. 广播方式　　　C. 点对点方式
    D. 通过服务器进行数据交流

23. 设计代码的目的有（　　　　）。
    A. 规范化　　　　B. 完整化　　　　C. 唯一化　　　　D. 系统化
    E. 简洁化

24. 对信息安全威胁的主要形式是（　　　　）。
    A. 天灾　　　　　B. 人祸　　　　　C. 偷窃　　　　　D. 病毒

E. 系统自身原因

25. 模块结构设计的原则包括（　　）。
    A. 所划分的模块其内部的凝聚性要好
    B. 模块之间的连接只能存在上下级之间的调用关系
    C. 所以模块都必须严格地分类编码并建立归档文件
    D. 整个系统呈树状结构

26. 衡量编程工作的指标有（　　）。
    A. 可靠性　　　B. 可读性　　　C. 规范性　　　D. 无冗余性
    E. 可修改性

27. 计算机病毒的主要特征有（　　）。
    A. 破坏性　　　B. 自我复制能力　　　C. 隐蔽性　　　D. 可激活性
    E. 针对性

28. 系统运行管理制度主要包括（　　）。
    A. 系统运行管理的组织机构　　　B. 基础数据的管理
    C. 运行管理制度　　　D. 系统运行结果分析

29. 以下是加密方法的是（　　）。
    A. 取代法　　　B. 换位法　　　C. 替代法　　　D. 乘积密码法
    E. 置换法

30. 数字签名的主要功能有（　　）。
    A. 保证隐私性　　　B. 保证信息传输的完整性
    C. 担保原则　　　D. 发送者的身份认证
    E. 防止交易中的抵赖发生

31. 需求分析的原则有（　　）。
    A. 能表达和理解问题的数据域和功能域
    B. 能将复杂问题分解化简
    C. 能给出系统的逻辑视图和物理视图
    D. 能找出问题的错误并改正

32. 信息系统拓扑结构的类型有（　　）。
    A. 点状结构　　　B. 线形结构　　　C. 环形结构　　　D. 星形结构
    E. 网状结构

33. 目前有哪几种常用、常见的系统开发方法（　　）。
    A. 结构化系统开发方法　　　B. 原型法
    C. 面向数据的开发方法　　　D. 面向对象的开发方法
    E. 面向处理的开发方法

34. 输入设计的原则有（　　）。
    A. 控制输入量　　　B. 减少输入延迟　　　C. 减少输入错误　　　D. 避免额外步骤
    E. 输入过程应尽量简化

35. 数据字典包括的条目是（　　　　）。
    A. 数据项　　　　B. 数据流　　　　C. 数据类型　　　　D. 数据加工
36. 经济可行性研究的问题包括（　　　　）。
    A. 开发方式　　　B. 技术风险　　　C. 成本效益　　　　D. 运行方式
    E. 资金问题
37. 可行性研究采用（　　　　）概括说明系统的物理模型。
    A. 数据字典　　　B. 系统流程图　　C. 数据流图　　　　D. 业务流程图
    E. 成本-效益分析
38. 可行性研究的最终结果是（　　　　）。
    A. 确定项目的规模　　　　　　　　　B. 研究正在运行的系统
    C. 评价各种方案　　　　　　　　　　D. 可行性研究报告
    E. 为下阶段作好准备

三、判断题

1. 开发过程与选择的开发策略和开发方法密切相关。（　　）
2. 对于大系统来说，划分子系统的工作应在系统规划阶段进行。（　　）
3. BSP方法规划信息系统的缺点之一是，其规划的信息系统不能独立于企业的组织机构，系统对环境变更的适应性较差。（　　）
4. 通常，投资较少的管理信息系统没有必要制订应急计划。（　　）
5. 信息系统的规划方法只有关键成功因素法。（　　）
6. 战略是组织的长远规划，一般是3~5年，长的能到50年。（　　）
7. 生命周期法通常是在系统需求比较确定的情况下采用的。（　　）
8. 结构化系统开发方法的每一个阶段都有明确的工作目标。（　　）
9. 用原型法开发信息系统需要一定的软件环境的支持。（　　）
10. 原型法特别适合对大型系统的开发。（　　）
11. 结构化系统开发方法的缺点之一是工作烦琐、工作量大。（　　）
12. 采用面向对象的系统开发方法可以不进行需求分析。（　　）
13. 通常，"自下而上"的开发策略用于小型系统的设计，适用于对开发工作缺乏经验的情况。（　　）
14. 常用的系统开发方法只有快速原型法和面向对象方法。（　　）
15. 系统分析工作的基本任务是依照用户提出的具体要求，确定管理信息系统的系统目标；建立一个从成本效益上讲是可行的、合理的系统模型。（　　）
16. 业务功能图表反映出的是系统中的业务功能，而不是组织部门；反映出的是具体业务功能之间的关系，而不是组织部门之间的关系。（　　）
17. BPR的动力因素主要是经济全球化的影响。（　　）
18. 系统分析报告是系统设计的基础。（　　）
19. 组织结构图是一张能反映出系统内部各组织部门及其之间隶属关系的树形结构图。（　　）

20. 系统的详细调查的范围局限在信息和信息流本身就行了。（　）
21. 系统流程图只给出了每一处理功能的名称，而处理流程图需要用各种符号具体地规定处理过程的每一步骤。（　）
22. 在系统分析阶段纠正系统开发错误的相对费用最低。（　）
23. 总体设计包括划分子系统、代码设计、设计规范制定、信息系统流程图设计、功能结构图设计和系统物理配置方案设计等。（　）
24. 系统分析的主要步骤不包括系统的总体评价。（　）
25. 系统说明书和系统设计说明书都是系统设计阶段的成果。（　）
26. 模块是系统中有名称标识的具有一定状态和方法的一个实体，是组成系统的基本元素。（　）
27. 用来表达系统的功能性需求或行为的图形叫活动图。（　）
28. 我国居民身份证是典型的字符码。（　）
29. 与输入设计相比，输出设计更重要。（　）
30. 会编写程序就能够开发管理信息系统。（　）
31. 一个代码应唯一标志它所代表的事物或属性。（　）
32. 一个复杂的系统可以被层层分解为多个功能较为单一的功能模块。这种把一个信息系统设计成若干模块的方法称为模块化。（　）
33. 在输入设计中，提高效率和减少错误是两个最根本的原则。（　）
34. 在进行子系统的划分时，应使子系统之间的数据联系尽可能地少。（　）
35. 系统维护的重点是对应用程序的维护。（　）
36. 系统评价只进行系统性能评价。（　）
37. 在技术可行性分析时要注意慎重引入先进技术。（　）
38. 系统的转换是一个从旧系统向新系统过渡的过程。（　）
39. 程序的调试关键是要发现错误。（　）
40. 系统评价是对系统性能的估计、分析和评审。（　）
41. 系统实施同系统设计一样，也是自顶向下逐步完成的。（　）
42. MIS 的寿命一般是 3～10 年，因此程序的维护工作量相当大。（　）
43. 程序调试过程中采用的测试数据除了正常数据外，还应包括异常数据和错误数据。（　）
44. 系统测试完成后，就可以直接交付用户使用了，不需要再进行实况测试。（　）
45. 当输入操作员发现输入的原始数据出错时，应立刻自己修正该错误。（　）
46. 可行性研究是以经济效益为核心的。（　）
47. 社会可行性主要考虑的是市场、政策、法律与社会环境方面的问题。（　）
48. 信息分析员的知识结构包括企业基础知识、IS 基础知识、IS 理论、信息技术等。（　）
49. 信息系统分析员是技术和管理之间的桥梁，是领导与员工之间沟通的渠道。（　）
50. 系统分析员的基本功就是听、说、读、写。（　）
51. 再生机制是判断是否是计算机病毒的最重要的依据。（　）

52. 结构化系统开发方法的基本思想是：用系统工程的思想和工程化的方法，按用户至上原则，用结构化、模块化、自顶向下的方法对系统进行分析与设计。（　　）
53. 现在开发一个管理信息系统很少进行可行性分析。（　　）
54. 攻击者对合法用户之间的通信信息进行修改、删除、插入，再发送给接收者，这种威胁叫作窃听。（　　）
55. 可行性研究报告一旦正式通过，并且经有关领导审核批准，可行性研究阶段的工作即宣告结束。（　　）
56. 服务器上可以使用任何解密版的盗版软件。（　　）
57. 结构化系统开发方法是自顶向下结构化方法、工程化的系统开发方法和生命周期方法的结合，它是迄今为止开法方法中应用最普遍、最成熟的一种。（　　）
58. 程序设计的最初设计方法是自底向上的程序设计方法。（　　）
59. 系统评价的组织工作由分管信息工作的负责人负责，同系统分析员、程序设计员、操作人员、业务部门的负责人等共同组成评价机构。（　　）
60. 企业信息系统战略规划的制订比一般规划困难。（　　）

四、填空题

1. 开发新的管理信息系统应该基于现行系统，但要（　　　　）（请填写"优于"或"劣于"或"等同于"）现行系统。
2. （　　　　　）阶段常用的方法有企业系统规划法、关键成功因素法等。
3. 在管理信息系统开发过程中，组织中的"一把手"起着（　　　　　）（请填写"至关重要"或"一定"）的作用。
4. 影响组织目标实现的主要因素是（　　　　）因素。
5. 开发管理信息系统，不仅需要员工积极参与，还需要用户单位的（　　　　　）重视。
6. 调查分析中使用各种图表，可以帮助系统分析员（　　　　）、记录要点和分析问题。
7. 战略规划的内容有三个要素组成，既方向和目标、（　　　　）、计划和指标。
8. 战略规划的目的和目标可从以下几个方面区分：时间区段、特殊性、（　　　　）和度量。
9. 战略包括组织的环境、（　　　　）和组织的目标。
10. 按照结构化系统开发方法，前一阶段的工作成果是另一阶段的工作（　　　　　）。
11. 通常开发MIS时将自上而下和（　　　　）两种策略相结合，前者用于定义整个系统，后者用于逐步开发。
12. MIS开发的可行性分析，包括经济上的可行性、（　　　　）上的可行性和社会各种因素上的可行性。
13. 常用的管理信息系统开发方法有结构化系统开发方法、（　　　　）、面向对象的开发方法等。
14. 原型是一个可以实际运行、反复修改和不断完善的（　　　　）系统。

15. 使用结构化方式设计的系统具有不同的功能模块，各模块间既相对独立，又互相（　　　　　）。
16. 类是对象的模块，对象是类的（　　　　　）。
17. 原型法适合于需求（　　　　　）的（从"定义"的难易程度来答）、规模不大的系统开发。
18. 面向对象方法包括面向对象（　　　　　）、面向对象设计、面向对象编程。
19. 系统开发的三个阶段为（　　　　　）、系统设计阶段及系统实现阶段。
20. 用面向对象方法开发一个系统的四个阶段分别是系统调查和需求分析、分析问题的性质和求解问题、整理问题及（　　　　　）。
21. 系统分析阶段用于数据流程描述的工具是（　　　　　）。
22. 系统分析阶段的工作成果是（　　　　　）。
23. 在进行业务流程调查分析时，业务流程图是用户和（　　　　　）之间进行沟通和交流的一种共同语言。
24. 系统调查分为初步调查和（　　　　　）两步。
25. 数据流程图的画法是：（　　　　　），输入输出保持平衡。
26. 详细调查主要包括组织结构调查、（　　　　　）和详细流程调查。
27. 结构化分析方法的基本原则是抽象原则、分解原则和（　　　　　）原则。
28. 功能分析的要求是对数据流程图中的（　　　　　）作详细说明。
29. 通常"从上到下"的系统开发策略，适用于较（　　　　　）的系统开发人员。
30. 业务流程图中，符号圆圈表示（　　　　　）。
31. 业务流程图中，符号方框表示（　　　　　）。
32. 程序设计说明书由（　　　　　）编写，交给程序员使用。
33. 管理信息系统的系统设计包括两个阶段，即总体设计阶段和（　　　　　）设计阶段。
34. 功能结构图就是按功能从属关系画成的图，图中每一个框称作（　　　　　）。
35. 程序的三种基本逻辑结构包括（　　　　　）、选择结构和循环结构。
36. 把一个信息系统设计成若干模块的方法称为（　　　　　）。
37. UML图中表达系统的功能性需求或行为的图叫（　　　　　）。
38. 系统的一般模型包括输入、处理、（　　　　　）三部分。
39. 完整性信息或数据的完整性指的是信息或数据的（　　　　　）和正确性。
40. 密钥分为加密密钥和（　　　　　）两种。
41. 为了提高软件开发的效率与质量，在程序编制时应采用（　　　　　）程序设计方法。
42. 系统切换有直接切换、（　　　　　）切换、分段切换三种方式。
43. 系统维护的工作内容包括程序维护、代码维护、（　　　　　）维护及硬件维护等。
44. 新的管理信息系统目标包括功能目标、技术目标和（　　　　　）目标。
45. 调试程序用的数据除采用正常数据外，还应编造一些（　　　　　）。
46. 程序调试的主要步骤主要有模块调试、分调、（　　　　　）。

47. 网络信息安全防护有很多种，主要有（　　　　）、防火墙、访问权限控制等。
48. 数字签名功能主要有保证信息传输的完整性、（　　　　）、防止交易中的抵赖发生。
49. 法律是引导行为的至高无上的正式规则，由政府（　　　　）实施。
50. 防火墙的技术已经经历了三个阶段，即包过滤技术、（　　　　）和状态监视技术。
51. 管理信息系统开发基本上分为两大类：（　　　　）和自下而上。
52. （　　　　）是管理信息系统开发的起点。
53. （　　　　）是管理信息系统开发的一个主要和关键阶段，负责这个阶段的关键人物是系统分析员。
54. （　　　　）是用户与开发人员之间的桥梁。
55. 系统分析也称（　　　　），是系统开发生命周期的一个重要阶段。
56. 结构化分析（SA）将系统分解为（　　　　）、技术、社会和可行性调查，为业务问题建立了一种面向可行性分析的模型。
57. 结构化分析（SA）将系统分解为经济、（　　　　）、社会和可行性调查，为业务问题建立了一种面向可行性分析的模型。
58. 系统分析员既是信息系统的分析和设计者，又是系统实施的（　　　　）和领导者。
59. 结构化分析和设计方法是在分析阶段建立系统的逻辑模型，而在设计阶段建立系统的（　　　　）。
60. 战略数据规划方法中，一般将产品、服务及资源的生命周期划分为几个阶段，它们分别是计划、获得、管理和（　　　　）。
61. 数据流程图综合地反映信息在系统中的流动、（　　　　）和存储情况。
62. 系统设计可以分为概要设计和（　　　　）两个阶段。
63. 在结构化开发中，为了提高软件开发的效率与质量，在程序编制时应采用（　　　　）程序设计方法。
64. （　　　　）模型总结了组织计算机应用过程发展的经验和规律。
65. 虽然开发MIS通常采用工程方法，但绝不能把MIS开发看成是一个单纯的工程设计过程，MIS开发更是一个学习过程和人与人之间的（　　　　）过程。
66. 系统详细调查具体内容包括（　　　　）状况的调查和分析，数据流程的调查和分析。
67. 在数据字典中，处理逻辑的定义仅对数据流程图中（　　　　）层的处理逻辑加以说明。
68. 数据流程图配以数据字典，就可以从图形和文字两个方面对系统的（　　　　）模型进行描述，从而形成一个完整的说明。
69. 程序设计说明书是以一个（　　　　）作为单位，用以定义处理过程的书面文件。其编写者为程序设计员，交给程序员进行程序设计。
70. 为了维护数据库中数据的正确性和一致性，在对关系数据库执行插入、删除和修改操作时必须遵循三类完整性规则：（　　　　　）、参照完整性和用户定义完整性。

71. 系统分析的主要任务是尽可能弄清用户对（　　　　　）的需求，完成新系统的逻辑设计，规定新系统应当做什么。
72. 为了飞跃性地改善成本、质量、服务、速度等现代企业的主要运营基础，必须对工作流程进行根本性的重新思考并彻底改革，这是（　　　　　）。
73. 通常把固定属性的数据放在（　　　　　）文件中，把固定个体变动属性的数据放在周转文件中，而把随机变动属性的数据放在处理文件中。
74. 在数据字典中，处理逻辑的定义仅对数据流程图中（　　　　　）层的处理逻辑加以说明。数据流程图配以数据字典，就可以从图形和文字两个方面对系统的逻辑模型进行描述，从而形成一个完整的说明。
75. 管理信息系统的系统设计包括两个阶段，即（　　　　　）设计阶段和详细设计阶段。
76. 一般子系统的划分是在系统（　　　　　）阶段，根据对系统的功能/数据分析的结果提出的。
77. 信息系统开发的结构化方法的一个主要原则是（　　　　　）。
78. 用原型法开发信息系统，先要提供一个原型，再不断完善，原型是系统的（　　　　　）模型。
79. 信息系统流程图是以新系统的（　　　　　）为基础绘制的。
80. 信息系统的规划方法中，BSP方法是指（　　　　　）。
81. 系统设计阶段的主要成果是（　　　　　）。
82. 系统分析工作的全面总结和主要成果是（　　　　　）。
83. 结构化语言使用三种基本控制结构，即顺序、选择和（　　　　　）。
84. 数据流程图由数据流、外部实体、数据存储和（　　　　　）组成。
85. 在软件生命周期中，紧接在系统分析阶段之后的是（　　　　　）阶段。
86. 组织相对稳定、业务处理过程规范、需求明确且在一定时间内不会发生大的变化的大型复杂系统的开发适宜采用的开发方式是（　　　　　）。
87. 信息系统的生命周期起始阶段是（　　　　　）。
88. 在结构化分析方法中，用以表达系统内数据的运动情况的工具是（　　　　　）。
89. 系统详细设计阶段属于系统生存周期的（　　　　　）阶段。
90. 结构化程序设计采用的思想是（　　　　　）。
91. 结构化分析（SA）将系统分解为经济、技术、（　　　　　）和可行性调查。
92. 数据流程图综合地反映信息在系统中的流动、处理和（　　　　　）情况。
93. 程序调试的内容包括程序的语法调试和（　　　　　）检查。
94. 系统详细调查具体内容包括管理业务状况的调查和分析，（　　　　　）的调查和分析。
95. 管理信息系统的系统设计包括两个阶段，即总体设计阶段和（　　　　　）设计阶段。

参考答案

一、单项选择题

1. C	2. D	3. A	4. B	5. B	6. D	7. C	8. D	9. D	10. B
11. C	12. D	13. A	14. C	15. B	16. A	17. C	18. D	19. C	20. D
21. B	22. B	23. A	24. A	25. B	26. C	27. A	28. B	29. B	30. B
31. D	32. A	33. C	34. B	35. C	36. B	37. B	38. B	39. D	40. A
41. D	42. D	43. B	44. C	45. A	46. B	47. A	48. A	49. C	50. C
51. C	52. D	53. D	54. D	55. A	56. A	57. A	58. C	59. A	60. B
61. A	62. B	63. A	64. C	65. D	66. C	67. B	68. D	69. D	70. C
71. B	72. A	73. C	74. C	75. D	76. C	77. D	78. C	79. A	80. B
81. B	82. A	83. B	84. C	85. D	86. B	87. D	88. C	89. D	90. C
91. D	92. A	93. C	94. A	95. C	96. D	97. A	98. C	99. B	100. A
101. D	102. A	103. A	104. D	105. B	106. D	107. D	108. A	109. C	110. D
111. A	112. A	113. D							

二、多项选择题

1. ABCDE	2. ABCDE	3. ACD	4. ABCE	5. ABCDE	6. BCD
7. ABCDE	8. ABCDE	9. CDE	10. ABCDE	11. ABC	12. ABC
13. ACD	14. ABCD	15. ACD	16. ABCDE	17. ABCD	18. ABDE
19. ABCDE	20. BCE	21. ABCE	22. BCD	23. ACD	24. ABE
25. ABCD	26. ABC	27. ABCDE	28. ABCD	29. BCDE	30. BDE
31. ABC	32. CDE	33. ABD	34. ABCDE	35. ABD	36. CE
37. BD	38. DE				

三、判断题

1. T	2. T	3. F	4. F	5. F	6. T	7. T	8. T	9. T	10. F
11. T	12. F	13. T	14. F	15. T	16. T	17. F	18. T	19. T	20. F
21. T	22. T	23. T	24. F	25. F	26. T	27. F	28. F	29. T	30. F
31. T	32. T	33. T	34. T	35. F	36. T	37. T	38. T	39. T	40. T
41. F	42. T	43. T	44. F	45. T	46. T	47. T	48. T	49. T	50. F
51. T	52. T	53. F	54. F	55. F	56. F	57. T	58. T	59. T	60. T

四、填空题

1. 优于
2. 系统规划
3. 至关重要/关键
4. 关键成功
5. 领导/高层
6. 描述系统
7. 约束和政策
8. 聚焦点
9. 组织的方向
10. 基础
11. 自下而上
12. 技术
13. 原型法
14. 初始/原始
15. 联系/关联
16. 实例
17. 难于定义
18. 分析
19. 系统分析阶段
20. 程序实现
21. DFD/数据流图
22. 系统分析报告
23. 开发人员
24. 详细调查
25. 自上而下逐层展开
26. 事务处理调查
27. 模块化
28. 处理功能
29. 熟练
30. 业务处理单位
31. 业务处理内容
32. 系统设计员
33. 详细
34. 功能
35. 顺序结构
36. 模块化设计方法
37. 用例图
38. 输出
39. 一致性
40. 解密密钥
41. 结构化
42. 并行
43. 数据/文件
44. 经济
45. 错误数据
46. 联调
47. 数据加密
48. 发送者的身份认证
49. 强行
50. 代理技术
51. 自上而下
52. 系统分析
53. 系统分析
54. 系统分析员
55. 逻辑设计
56. 经济
57. 技术
58. 组织者
59. 物理模型
60. 退出
61. 处理
62. 详细设计
63. 结构化
64. 诺兰
65. 对话
66. 管理业务
67. 最底
68. 逻辑
69. 处理过程/处理程序
70. 实体完整性
71. 信息
72. 企业流程再造（BPR）
73. 主
74. 最底
75. 总体
76. 总体设计
77. 自顶向下
78. 概念
79. 业务流程图
80. 企业系统计划法
81. 系统设计说明说
82. 可行性研究报告
83. 循环/重复
84. 处理逻辑/处理
85. 系统设计/设计
86. 结构化/结构化法/生命周期法
87. 系统规划
88. 数据流图/DFD
89. 系统设计
90. 逐步求精
91. 社会
92. 存储
93. 逻辑
94. 数据流程
95. 详细

案　　例

案例01　联想：每年节省资金6亿元

联想集团通过多年企业信息化的实践总结出一张图，即以客户为驱动的、协同上下游合作伙伴、资源一体化的信息化全景图。在这张图中，联想集团信息化各系统之间并不是各自独立分离的，它们是集成的、一体化的。

联想把客户的需求分解成使用需求、购买需求和服务需求。客户通过网页、电话、面对面等方式将需求传递给联想，进入联想的客户关系系统、产品研发系统、供应链系统。这三个系统驱动资源计划系统合理调动企业人、财、物资源，分别满足客户在服务、产品和供应三方面的需求。企业各级管理者通过构架在网络办公基础上的管理驾驶舱，实时掌控企业各环节的运作状况和管理绩效，准确地作出决策和判断。

几年来大规模的信息化建设，使联想的各项成本明显降低、经营效益显著提高，有力地促进了企业竞争力的提升。在这张图后面，可以用一组数据来说明信息化给联想带来的可喜变化。

库存周转由1995年的72天降到2000年的22天。以2000年库存平均余额9.63亿元计，节省资金21亿元；资金成本以6%计，相当于一年降低成本1.26亿元。

积压损失由1995年的2%到2000年的0.19%。以2000年营业额200亿元计，相当于一年节省成本3.62亿元。应收账款周转天数由1995年的28天降到2000年的14天。以2000年的应收账款平均余额7.82亿元计，相当于节省资金7.82亿元，成本降低0.47亿元。

应收账坏账占总收入的比例由1995年的0.3%降到2000年的0.05%。以2000年营业额200亿元计，相当于成本降低0.5亿元。

网络办公所产生的效益也十分可观。通过网上资源预订，使差旅费、办公用品费用降低10%左右。

以上各项每年总计降低成本6亿多元。

公司总体费用率由1995年的20%降低到2000年的9%。网络办公、财务管理、供应链管理和电子商务共计节省人员350人。以5000名员工计，相当于劳动生产率提高7%。

联想电脑销售在1997~2000年平均每年递增78.2%（中国电脑市场平均增长率为33.5%），市场份领从1997年的10.7%增长到2000年的28.9%，2001年上半年达到30%。1997~2000年，公司销售收入平均每年递增50.4%；利润平均每年递增61.3%。

随着公司信息系统的进一步完善和拓展，联想将在管理上完全同国际接轨。以现代化管理为根基来面对WTO，面对更加严峻的考验。

资料来源：联想，每年节省资金6亿元，人大经济论坛，http：//bbs.pinggu.org/thread-2483259-1-1.html.2013-06-17

问题

1. 联想集团的信息化使其每年节约6亿元资金，主要是在哪些方面节省的？

2. 试结合本案例分析联想集团的信息化包含了哪些内容？信息化使联想集团获得了哪些竞争优势？

3. 结合本案例分析我国企业推进信息化的必要性及其意义。

案例02 电子商务领域的电子结算技术

电子商务的基石是通信网络。用于电子商务的 WWW 服务器的特点是可以在网上处理结算业务。电子商务就是以电子形式的货币交换有形或无形的产品和服务。电子结算系统正处于幼儿期，还在不断发展变化。近年来随着电子商务的发展，第三方支付市场规模迅速扩大。谁能想到，短短一年半的时光，本由银行垄断的支付市场骤然增添近 200 家第三方支付企业。这不仅是数字的改变。这一年来，各种新奇古怪的支付体验层出不穷：如果您在咖啡馆用餐后，发现忘带现金，这时候只要摇一摇手机，就能够付款；如果您在电梯里的平面广告上发现心仪的商品，只要用手机扫描一下商品条形码，就能完成购买，等待送货上门。

不少业内人士戏称，如果 2012 年是第三方支付的"领证年"，那么 2013 年就是第三方支付的"创新年"。调查发现，今年支付行业主要朝四大方向加大创新力度：一是快捷支付发展迅速，继支付宝、银联之后，财付通、快钱、汇付天下等也加快了快捷支付的推广力度；二是移动支付（即通过手机等移动终端支付）创新力度加大，2013 第三季度支付宝推出基于二维码扫描和"摇一摇"支付的移动支付产品，财付通则联合微信布局"微生活"支付；三是加大线下销售点情报管理系统（POS）收单市场拓展力度，特别是汇付天下已在 30 多个城市设立分支机构，通过代理模式加快收单市场布局；四是进军基金支付市场力度加大，2013 年 5 月有 3 家第三方支付企业获得基金支付牌照，使得获得该牌照的第三方支付企业数目增至 7 家。

那么，2013 年第三方支付企业的创新动力来自何方？《证券时报》记者调查获悉，这主要来自三个方面：一是价格战的压力；二是监管部门的支持和鼓励；三则是行业细分后涌现的新兴市场。首先，2011 年 5 月至今的短短一年半时间里，央行已连续发放了 5 批第三方支付许可证，持证企业总数从第一批的 27 家猛增近 200 家。支付牌照获批的业务类型包括互联网支付、电话支付、银行卡收单、预付费卡等，其中，互联网支付是主流业务。据支付宝支付研究院院长陈达伟介绍，由于国内从事电子商务的企业和个体商户的利润空间日益缩小，迫使它们在选择支付企业时更关心支付费率的高低，因此第三方支付企业之间的价格战十分激烈。

易观国际的分析师张萌对《证券时报》记者表示，在核心竞争力不明显、业务同质化的情况下，第三方支付企业主要靠压低价格获得客户，支付宝等企业意识到价格战非长久之计，必须借助创新业务突围。其次，监管部门也曾再三呼吁第三方支付企业可在风险可控的情况下进行创新。2012 年 12 月，央行副行长刘士余在公开场合表示，在新的形势下，支付清算行业要进一步加强自律管理，大力推动支付创新，切实防范支付风险。

资料来源：第三方支付借创新迅速崛起，锐气直逼银行，证券时报网，http://news.stcn.com/content/2012-11/12/content _ 7376553.htm. 2012-11-12

问题

1. 通过案例，请简要说明什么是电子结算及目前主要的电子结算技术有哪些？
2. 结合本案例说说什么是第三方支付，目前主流的第三方支付系统有哪些？
3. 简述第三方支付系统的优势。

案例03　医院信息系统

医院信息系统（hospital information system，HIS）是一门集医学、信息、管理、计算机等多种学科于一体的综合学科，在发达国家已经得到了广泛的应用，并创造了良好的社会效益和经济效益。HIS是现代化医院运营的必要技术支撑和基础设施，实现HIS的目的就是以更现代化、科学化、规范化的手段来加强医院的管理，提高医院的工作效率，提升医疗质量，从而树立现代医院的新形象，这也是未来医院发展的必然方向。

为了满足我国医院发展的需要，为了使祖国医学早日与世界科技接轨，大连汇源电子系统工程有限公司集中了大量的人力和物力，借鉴国内外HIS的先进经验，并结合国内各家医院的传统管理模式和实际需求，开发了该医院管理信息系统，《汇源医院管理信息系统》被大连市信息产业局认定为软件产品，该产品是真正适合我国国情的医院管理信息系统，是唯一能在中国境内与IBM医院信息系统解决方案平分天下的有自主知识产权的医院信息系统。

（一）医院各职能部门微机配备表

整个系统由一台服务器和若干台工作站构成一个网络，各个子系统在网络上协调运行，部门间业务查询灵活，又提供严格的权限控制。每个子系统提供一个公用查询功能，每个子系统在此功能下只能使用它有权调用的功能。网络间共享的数据是实时的，避免造成部门间数据不一致的现象。

（二）医院管理子系统功能视图

医院管理子系统通常包含门诊、住院两部分，而管理的主线则为药品和收款金额。

（三）硬件平台系统设计

硬件是系统实施的基础，在设计方案中，我们考虑到系统实施的各种要求及特点，同时兼顾医院的实际情况，硬件选型时必须符合系统需求，兼顾系统性能，以性价比最高为原则，使系统达到最优也最经济的方案。

（四）网络设计

医院管理系统是一个综合性的系统。因此，在设计方案中，大连汇源电子系统工程有限公司考虑到管理面广、部门多、信息交换要求及时等特点，同时兼顾医院的实际情况，网络采用国际标准的星形网络拓扑结构，其具有扩充灵活、维护方便、运行稳定、互连性好、性能价格比合理等特点，是计算机网络系统采用的最优也最经济的方案。

(五) 数据库系统和系统管理平台

医院管理信息系统因其数据量巨大、实时性强，所以在数据库系统选型时必须选择高效、稳定的大型数据库系统。网络操作系统是网络硬件设备基础上的一层软件平台，没有网络操作系统将不能构成合理的计算机网络系统。网络操作系统是网络的重要组成部分，因其稳定并与数据库系统配合紧密。

(六) 工程服务

大连汇源电子系统工程有限公司负责网络工程安装，遵循 EIA/TIA568B 布线标准。按照标准调试每一个节点，保证每一个工作站能正常运行，并进行严格的安装后测试，减少每一个点的不良隐患，使网络能稳定运行。大连汇源电子系统工程有限公司在工程完工后，保证定期派工程技术人员对网络进行管理和维护，定期对使用人员提供技术指导。

(七) 培训服务

网络管理人员是高级操作人员，网络正常运行必须由网络高级管理人员随时维护，因此对高级操作人员要求有一定的网络知识及网络维护水平。本公司提供对网络管理人员为期两个月的技术培训，使其达到能独立维护保养网络的水平。

工作站管理人员是维护管理应用系统软件的中级人员，必须能够管理整个系统及各部门子系统的衔接和调用。本公司对中级人员提供 30 天的培训，使其能够了解各部门子系统的调用，及时为各部门提供维护和系统的正常运作。

工作站使用人员是单机工作站的操作人员，只能了解本部门的子系统的操作，不必也不能接触其他子系统，本公司提供 30 天的培训，学习单机单系统、本部门的相关操作。

(八) 系统维护与支持

大连汇源电子系统工程有限公司提供用户网络及硬件设备一年质保，软件系统自交付使用后一年内免费维护。对网络和软件系统提供终身技术支持，我们承诺并保证 24 小时时刻响应用户的呼叫，及时提供完善周到的技术支持和服务。

资料来源：医院信息系统，重庆六叶科技，http://cm74520.cn.gongchang.com/. 2013-05-11

问题

1. 什么是网络拓扑结构，常见的网络拓扑结构有哪些？
2. 结合本案例说说为什么本例采用了国际标准的星形网络拓扑结构，其工作原理是怎样的？
3. 根据管理信息系统理论，结合医疗行业，请简述一般的医院信息系统的核心模块有哪些？

案例 04　艾瑞咨询的市场情报系统

市场研究子系统是利用市场情报子系统收集的数据进行研究，现在收集市场情报进行市场研究活动的组织有些已从生产或销售企业中分离出来，成立了专门的咨询公司，专门为别的企业收集情报和进行市场研究。

iResearch（艾瑞市场咨询）成立于2002年，公司创始人杨伟庆先生毕业于华东理工大学。1998年开始接触网络广告行业，是中国最早的一批网络营销专业人士。在创立iResearch之前，杨伟庆于1999年年底参与创建商业版本的"网络广告先锋"（WiseCast）网站并负责具体运营。"网络广告先锋"最早由任向晖于1997年5月创立，是中国第一批网络行业从业人员的行业研究资讯网站，主要提供网络广告行业发展相关资讯。

iResearch目前的主要服务产品有iUserTracker（网民行为连续研究系统）、iAdTracker（网络广告监测分析系统）、iUserSurvey（网络用户调研分析服务）、iDataCenter（网络行业研究数据中心）等。

iResearch以上海为公司总部，并于2003年10月在北京成立分部，目前已经有员工260名。iResearch每年发布《中国网络经济研究报告》超过50份，为推动中国互联网行业的发展起到重要的作用。

2012年10月18日，国内知名的互联网行业门户——艾瑞网新版正式上线。新版的艾瑞网将坚持"以数据资讯为基础，打造互联网新经济平台"的理念，对网站的功能进行全面的改进。本次改版正值艾瑞咨询集团十周年庆典之际，艾瑞网以全新的面貌和更专业的用户体验向艾瑞十周年献礼。新版网站中，用户可通过社交账号直接登录艾瑞网，进行评论交流及资料下载。同时，艾瑞网全面改进了用户中心、资讯、专栏和数据报告等主要模块，突出社交化、个性化、便捷化和用户体验，使其更符合现今互联网的发展趋势。

在本次改版中，艾瑞网进一步优化了数据板块并重新规划了数据报告频道，用户现在可以通过多维度的方式检索下载或浏览相关资料，最大限度地方便了用户使用。另外在资讯方面，艾瑞网拥有目前互联网行业媒体中最为细致的资讯分类，共分为电子商务、移动互联网、社交网络等九大行业及下属数十个子频道，新版中，资讯板块将被更好地整合给用户，同时根据用户的浏览习惯及职业分布，艾瑞网会利用智能推荐的方式，为用户打造个性化内容，使用户能够快速地获取到自己感兴趣的内容。

此外，专栏频道作为艾瑞网的另一个特色栏目，汇集了行业内600多位专家及20 000多个作者开设的专栏。针对不同主题深入分析行业现状及发展趋势，分享交流专业的实战经验。而新版的艾瑞专栏将秉承更为开放的态度，为更多用户在艾瑞网开设专栏及分享内容提供了便捷，并为专栏作者提供了更多的推广和曝光机会。

一直以来，艾瑞网都是一个广受互联网行业从业人员青睐的学习和交流平台。随着以社交化、移动化和个性化为特征的新一代互联网站的兴起，艾瑞网也将顺应潮流，通过更为专业的态度，尝试为用户打造新的数据和资讯平台，为互联网行业从业者提供更好的服务体验。

资料来源：艾瑞咨询集团，百度百科，http://baike.baidu.com/. 2015-01-12

问题

1. 请简要说明管理信息系统按系统职能可分为哪几类，本案例所涉及的艾瑞咨询公司系统属于哪一类系统的派生产品？

2. 请结合市场情况，谈谈你所了解的市场情报咨询行业主要提供哪些信息服务。

3. 定制研究业务是艾瑞咨询集团的核心业务之一，请结合案例简要分析"创新的行业解决方案服务模式"的具体含义。

案例05　青岛啤酒集团的信息化建设

青岛啤酒集团（简称青啤集团）的信息化建设基本上是从20世纪90年代初开始的。

在计算机硬件设备上，采用PC服务器结构。现拥有计算机300多台，PC服务器20台左右，主要应用在文件服务、打印服务、Internet和Intranet、邮件服务等方面。青啤集团是一个酒类生产厂，不像机械、电子类企业有大量的设计工作，因此，工作站应用不太多，只有一台Sun工作站管理内部交换机、集线器、划分虚拟网等。

青啤集团网络建设的构架是：几个骨干厂已基本建成了局域网，并以DDN方式接入Internet。1997年，公司本部选用3COM的网络产品，建成了青岛地区最早的ATM网络，并选用3COM的网管软件，实现了网络的智能化管理；一厂于1998年建成了100M以太网；二厂网络由于建成较早（10BASE2网络），网络速度较慢，已不能满足企业现代化管理的需要，现在正在进行网络改造。

操作系统采用Novell和NT混合结构。Novell主要用于文件及打印服务，最近，通过Novell公司的Z、E、N WORKS管理软件，实现了对客户端的资源管理、远程监控、自动分发应用软件等功能，大大降低了计算机总体维护成本。Windows NT主要作为应用服务器，如生产、人力资源、文书、档案管理的后台数据库服务，另外，NT系统还应用在Internet接入及Mail服务等方面。公司的应用软件以合作开发为主，主要应用在生产管理、财务管理、人力资源管理、档案管理等方面，减轻了员工的劳动强度，规范了公司的业务流程，为今后的发展提供了大量可靠的数据。

青啤集团应用体会如下。

在硬件设备的采购方面，服务器及网络设备是关系到网络能否正常运行的关键，在选购时，应该更多地考虑系统的性能和稳定性，其次才是价格。青啤集团购买的PC服务器及网络设备大多是国外大公司的知名品牌，如PC服务器选购的是Compaq及HP的产品，网络设备主要是3COM及Cisco的产品，这些产品在公司从未出现过问题。对于PC，更多考虑的是性能价格比，IBM、HP等品牌的产品质量及售后服务较好，但相对国产品牌价格较高，联想作为中国市场占有率最高的PC品牌，质量稳定、性能较高、售后服务也较好，1997年至今，是青啤集团采购的主要品牌。

企业管理软件是把一种管理思想通过程序代码反映出来的软件系统。在选购企业管理软件的指导思想是：软件系统要灵活，能够适应企业多变的环境；软件功能要强大，能够满足现有管理体制的需要。在不全盘推翻现有管理体制的前提下提供新的管理思想。现在有一些咨询公司，喜欢全盘照搬国外企业管理软件的管理思想，对国有企业进行全面西化的改造。可是中国有自己的国情，每个企业有各自的特性，千篇一律地照搬别人的思想是不符合实际的。而且国外的企业管理软件，虽然思想先进、功能强大，但投资较大、实施周期长、对企业人员素质要求高，所以实施风险较大。国内的企业管理软件，投资少，实施较为简单，但功能相对较弱，更适合中小企业，对于像青啤集团这样的大型企业集团就可能有一些欠缺。所以，青啤集团下一步有可能在局部范围内选用国内较优秀的管理软件，至于整个集团的企业管理软件的选择，则要进行整体规划，规范业务流程，强化管理，计划采取招标的方式，选择国际先进的企业管理软件，统一管理公司的日常业务。

计算机管理系统能够给企业带来新的管理模式，提高整个企业的管理水平，规范业务流程，加速资金、物资、信息在集团内部的运转，并为集团今后的发展提供可靠的分析数据。同时，计算机系统又是一个非常复杂的系统，它与企业管理紧密相关。为了降低实施计算机系统的风险，应该分步、分块地实施。比如在管理比较规范或手工管理无法满足需要的部门首先实施。

以集团财务部门为例，它们管理比较规范，从1995年就开始实施基于DOS平台的万能财务软件，应用该系统，提高了企业的办事效率，摆脱了大量的手工工作，领导们能及时掌握资金流向，给企业决策层提供了大量可靠的数据，避免了一些手工管理的漏洞。但是这个系统现在已不能满足集团化财务管理的需要，必须采用功能更加强大的软件系统。所以集团财务部已经开始会同计算机中心的技术人员进行软件系统的选型。

又如集团的销售公司，由于它的机构横跨全国，销售环节复杂，手工很难管理好，容易在一些环节出现失控现象。为了实现货物流向的有效控制，减少区域间冲货，统筹安排库存，加快资金周转，堵塞漏洞，避免财务风险，实现管理规范化，降低管理费用，提高新鲜度管理，经过一段时间酝酿，集团销售公司的"销售公司物流管理系统"开始进入一期的实施。如果实施成功，二期工程马上可以在全国范围拓展开来。目前，集团正在以这两个项目为突破口，逐步实施信息管理系统。将来，集团将在管理更加规范的前提下，实现整体的信息化管理。

近年来，Internet迅猛发展，已成为企业自我宣传、获取信息、降低通信费用的重要手段。青啤集团已经建有自己的网站（www.tsingtao.com.cn），可以提供专线入网和Email服务。集团还在不断更新网站内容，使其成为宣传企业的一个窗口，让青岛啤酒这个品牌更加贴近客户，保持这个品牌在全国乃至世界范围的影响。未来，随着外部市场及内部管理的规范，以及集团内部信息系统的健全，再借助Internet开展电子商务，集团的供应链及销售链将更加快捷、稳固。

资料来源：青岛啤酒集团信息化建设，畅享网，http://www.vsharing.com/. 2002-01-19

问题

1. 简述计算机硬件组成和各自的性能指标。
2. 简述按照覆盖范围来分类，计算机通信网络的分类和特点。
3. 通过案例，请联系实际介绍Internet在企业中的应用。

案例 06　江铃国际的管理信息系统

一、企业简介

江铃国际集团是江铃集团两大部分之一，是江西省支柱产业。江铃国际集团在国内外主要有下属单位 14 家，涉及商贸、工业、旅游业等行业。企业主营业务有汽车进出口业务、国内外旅游业务、旅行车制造业务、化工产品生产业务、汽车专用技术开发业务，计算机应用程序开发。

二、企业信息化建设动因分析

随着 IT 技术的飞速发展，企业面临的竞争环境发生了根本性变化，如顾客需求瞬息万变、技术创新不断加速、竞争日趋激烈。在这种形势下，企业管理必须转变，从粗放经营向成本控制转变，从部门管理到企业级协同管理转变。只有这样，才能适应竞争形势的变化。

1. 技术落后无法满足现行经营管理的需求

随着业务水平、管理水平和应用水平的提高，原有系统只能在局域网上运行，不能进行远程处理，经常出现数据混乱的现象，不能准确对账，而且重复录入性工作多，特别是银行对账单不能直接引入，需要手工录入。这种财务系统已远远满足不了业务管理的需要。

2. 财务核算不能实现数据共享和传递

原有系统的最大不足之处在于存在信息孤岛，不能满足集团公司对财务整体状况进行监控、统计和内部对账等管理的需要。

3. 事前、事中控制困难

由于原有系统功能简单，财务不能完全甩账，只能作事后分析，不能进行事前计划和事中控制，难以较好发挥财务监控的作用。

因此，江铃国际集团通过一系列的分析，决定更新原有的财务系统，建设一套具有本企业特色、先进、实用、可靠的管理信息系统，以适应集团的总体发展战略。于是集团内部组织人员通过对多家厂商软件进行现场演示选型，最后选中了用友软件 8.12WEB 版。于 2001 年 3 月开始实施，经过制订计划、用户培训、正式运行、评审验收 4 个阶段近 2 个月的实施过程，江铃国际集团管理信息系统已开始顺利运行。

三、江铃国际管理信息系统解决方案

（一）系统建设目标

（1）集团内部采用统一的财务系统，统一会计制度和会计原则，方便财务信息的采集，同时适应集团内部不同行业的财务核算要求。

（2）组建集团财务信息网络，集团内部数据共享，上级机构对下级机构的财务从计算机上做到即时查询、审计，严格集团的内部监管制度，强化财务管理。

（3）集团内部财务数据能及时自动上报，上级机构能对上报数据进行汇总、合并和分析，使集团领导及时掌握全集团的经营状况，为其提供决策支持数据，提高集团的市场应变能力。

（4）财务电算化系统具有Web功能，支持远程录入、查询、会计凭证、账簿、报表等有关会计数据，实现远程操作。

（5）能实现预算编制、预算执行和预算评价三个过程。

（6）能对资金的使用、结构、安全、成本（含利息）和效益进行控制。

（二）网络硬件环境解决方案

江铃国际集团下属14家单位，分部在国内外各地，集团总部设在江西南昌，内地主要分两个区域，分别为凯莱区和技术开发区，集团所有的账务处理分别由这两个区域集中处理，凯莱区在同一座办公楼办公，整个区域已有一个局域网，为了给管理信息系统提供硬件环境，公司在财务部增加一台服务器，组成一个财务小局域网，再与原有的局域网连接，形成一个大局域网，最后与互联网连接。技术开发区与凯莱区相似。

四、江铃国际业务流程具体解决方案

管理信息系统通过集中建账、统一基础科目设置、集中数据管理、远程实时查账等手段，全面支持了江铃国际的集中式集团管理模式。

1. 统一规范的基础设置，实现集团信息统一管理和横向对比分析

在管理信息系统中，集团建立统一的会计科目，制订统一的基础设置规范，统一采用新的企业会计制度，这样就能够保证整个集团在基础设置上的统一规范，为实现多组织的集中管理奠定良好基础。

2. 另建一套费用账进行集中报账

各单位单独设立账套，另外设一套费用账（以单位别设凭证类别），单独核算、控制费用，在财务分析中编制费用预算，日常各单位发生费用统一在费用账中反映，能控制个人在各单位报销的费用，便于及时平衡各单位盈亏。月末将费用账中的凭证分类别输出，然后利用总账工具分别引入各单位账中进行核算。

3. 预算管理（包括现金预算、收入与费用预算、损益与指标预算）

预算管理包括预算编制、预算执行和预算评价三个过程。①预算编制：全面预算按季滚动编制，现金收支计划按月滚动编制。财务部定制表格，同时提供与预算期相等时间（期）的各预算单位的历史实际数据，以供编制者参考，各预算单位编制好预算，预算管理系统据引自动生成预算汇总表（部门预算→公司预算→总部预算）。②预算执行过程包括预算检查、分析、调整和控制，软件系统对突破预算的支出做到实时反映，提供提示、警告及不得录入等多种选择。③预算评价过程包括预算结果分析、问题揭示和预算业绩评价等，提供按月度、季度和年度的预算指标与实际数的对照分析，反映预算执行差额和差率。

4. 用辅助核算简化科目体系，加强管理

在科目设置时将往来科目设为客户、供应商往来核算，将固定资产、在建工程、存货类、成本类、收入类等设为项目核算，其他应收款——个人往来、费用内某些科目设为个人往来，其余费用类科目设为部门核算。对科目进行辅助核算后，科目体系中科目不需要随单位经营期的变化而进行调整，系统编制相关凭证时，提示用户录入对应的辅助信息，这样，在节省科目的同时保证信息的详尽性。另外，将成本类、收入类设为项目核算，形成一个利润中心，加强盈亏管理。

资料来源：江铃国际管理信息系统案例分析，中国自动化网，http://www.ca800.com/apply/d_1nrutga2l081n_1.html. 2005-11-22

问题

1. 江铃国际集团原有模式会给企业带来哪些问题？
2. 什么是信息孤岛？
3. 给江铃国际集团建立一个简单的人力资源信息系统方案。

案例 07　百盛供应链管理

百盛是马来西亚金狮集团在中国最大的投资项目。目前，百盛在国内共有 24 家门店，其经营业态包括大型百货商场和超市，年营业额超过 50 亿元。

在实施供应链管理（SCM）之前，各门店之间，门店与总部之间的信息管理系统是不相连的，各店也是分别向供货商采购，百盛中国实际上的运营模式是单店经营，一个个店其实就是一个个信息孤岛，规模优势和集团优势难以发挥。因此，百盛中国总部急于借力信息技术来提升其整体管控能力，满足扩张需求。

下定决心之后百盛找到了富基。富基致力于为流通行业提供解决方案。富基为北京百盛量身打造了一个以该门店为中心的 B2B 的电子商务平台。平台主要包括基于 Intranet 的报表统计系统；基于 Extranet 的 e-SCM 供应链管理系统。系统功能有在线结算、信息分享（销售、库存、补货、结算）及品类管理及分析；总部建设数据中心系统，包括基于数据仓库的顾客关系管理系统（CRM），以及商业智能系统（BI）。

该平台以会员制的方式为供货商开设访问账号和相关权限，北京百盛通过这个交易平台以天为单位向供货商开放相关数据，让供货商及时了解自己商品在百盛的销售动态。供货商只要以会员身份登录该网站，选择北京店，便可看到自己产品在北京百盛的单品库存分析、销售分析、ABC 分析（同类商品排行榜）、绩效分析等，同时还能查到自己商品的历史销售数据。对于供货商来说，轻松及时获取这些数据是极具诱惑力的，它们明确表示下家何时需要进什么样的货了，生产和销售策略是否该调整了等。该系统对于提高供货商对百盛的响应速度乃至市场应变能力极为有利。而供货商响应速度的提高意味着百盛的库存优化，物流及资金流运转更为通畅。

在分析"百盛模式"的时候，再更大范围地考虑零售行业的供应链模式，我们不妨比照 IBM 提出的基于 WEBSPHERE 的电子商务模型。模型主体是一个独立的第三方的电子商务平台，在这个模型里，每个企业，不管它在供应链中处于哪一个环节，它在这个平台上都是一个会员，在这个平台上它可以获取其业务伙伴（包括其上游和下游企业）的共享信息，进行业务流程的协作。从一家特定的企业来看，供应链管理是一个"一对多"的网络。但对于整个行业来说，供应链管理则是一个典型的"多对多"网络。目前这种供应链管理模式国内国外都有公司在致力于研发。

资料来源：百盛供应链管理实施案例，豆丁网，http：//www.docin.com/p-234971274.html. 2013-12-05

问题

1. 什么叫供应链管理？在设计供应链时，该公司管理人员需要考虑哪些问题？
2. 供应链管理系统的核心组成模块有哪些，简述供应链管理所涉及的领域？
3. 请结合案例中电子商务环境下百盛的供应链管理系统模式与 IBM 提出的基于 WEBSPHERE 的电子商务 SCM 模型的对比，谈谈你对此有何启发？

案例 08　布隆·巴松公司的 EDI 系统

布隆·巴松公司最初的 EDI 应用程序是由公司内部的 5 人小组开发的，软件名为 SICLAD。该软件是免费提供给客户的。它运行在与苹果公司和 IBM 兼容的 PC 环境下。客户可以通过该软件发送电子订购合同和接收数据确认信息。奥利弗解释说：采购订单和收据确认单据我们称之为外部文件，它们不直接影响顾客的信息系统。这不同于产品信息和发票，产品信息和发票保存在客户文档和财会信息系统的数据库中。

升级版的 SICLAD 运行在网络上，它能通过一个图像数据库提供每个产品的彩图。顾客可以通过这个数据库下载 200 多种产品图像信息并存储，或连接到远程的布隆·巴松公司的工作站上，可以访问到拥有 120 000 种产品图像信息的数据库。

SICLAD 允许顾客发出订货单和接收数据回函。为了提供其他的服务功能，布隆·巴松公司开发了更高级的 EDI 系统，它仍是通过电子手段发送产品信息文档，传送状态报告、购买的报价、运货通知、发票及相关的致富的详细说明。之后，法国的电子仪器公司成为第一个使用高级 EDI 的客户。

布隆·巴松公司与客户之间的 EDI 连接是通过法国电信的价值增值网络（VAN）建立的。奥利佛说：当你与成千上万的客户交易时，VAN 是最适合的了。主要你不能进入到对方的电脑系统中，它们具有很高的安全性。你通过你的电子邮箱给顾客留下信息并从中接收发来的消息。

EDI 连接既要求双方的相互信任，又要对对方的商业流程有很好的了解。EDI 为布隆·巴松公司带来效率的提高，给顾客带来了更多的利益，使公司有了清晰的战略和管理决策，还有时间和良好的机遇。EDI 使布隆·巴松公司的将来变得更美好。它使交易无纸化，进行管理需要的人员更少。EDI 系统的魅力在于它不被限制在办公用品的购买上而是能够应用于公司所购买的所有商品上。

问题

1. 什么是 EDI 系统，其组成部分包括什么？
2. 结合案例介绍一下 EDI 系统的优势。
3. 本案例中提到的 VAN 指的是什么，它具有什么特点？
4. 请结合管理信息系统中的安全理论，简要分析本案中提到的 EDI 系统有哪些安全需求，可以通过什么安全标准实现该安全需求？

案例09 电子商务发展的里程碑——亚马逊

亚马逊（http://www.amazon.com）无疑是电子商务发展的里程碑，它创造性地进行了电子商务中每一环节的探索，包括系统平台的建设、程序编写、网站设立、配送系统等方面。

一、从创意到成立公司

1994年，Web网页吸引了全球网虫的目光。时任BankerTrust公司最年轻副总裁的Effrey Bezos看到了在线商场的广阔发展前景。Bezos当时提出了20种他认为适合于虚拟市场销售的商品，包括图书、音乐制品、杂志、PC硬件、PC软件等。最后，在图书和音乐制品中，他选择了图书。Bezos辞去副总裁的职位，把家搬到西雅图，招了4名程序员，就在自己的车库里开始为Amazon编写程序。他为自己的公司起名Amazon是希望它能够像亚马孙河一样勇往直前（后来，"车库公司"成了高科技创业公司的一个象征）。1995年7月，Amazon卖出了第一本书。作为一家虚拟商店，Amazon每周7天，每天24小时营业。顾客可以通过书名、作者、主题或关键词，在Amazon的数据库中查找自己想要的书。如果顾客决定购买哪一本，就可以在线填写一份订单，指出要何种版本、包装方式、送货方式、付款方式等。Amazon通知出版或图书分销商将顾客购买的书送到Amazon在西雅图的库房，包装好后发货。一般情况下，顾客下订单以后5天内可以拿到书。

二、"高速成长"但是"暂时赔钱"

正确的经营思想和经营方式使得Amazon在短短的几年内迅速成长。1996年6月，Amazon营业额达到220万美元，当年年底达到840万美元，1997年达1.48亿美元，当时预计1998年将达2.88亿美元，1999年达到3.25亿美元并且实现盈利。虽然Amazon在开业以后很短的时间内取得营业收入的高速增长，但是，其盈利情况并不理想。主要是因为下述原因：首先因为零售业是一个利润非常微薄的行业，Amazon雄心勃勃的发展计划使它进入新市场时必须保持高速运行，从而造成成本高昂，收益也因此难以获得。其次，Amazon不得不花费数百万美元用于促销，以吸纳新的顾客。1998年秋季，它每获得1美元的收益就要投入24美分。1999年Amazon花2亿美元用于营销，比一年增加50%。而且Amazon为了吸引客户，大部分的书都有10%～30%的折扣。

三、"暂时赔钱"可以"高速成长"？——技术优势和NASDAQ

与传统零售商相比的这种高投入及高速发展使Amazon一直处于亏损状态，能支持Amazon扩张并顺利运转的资金主要来源于两个渠道：一是Amazon只需要较低的存货成本。平均而言，有形书店需要保存四个月的图书存货，而 Amazon 可以只保持 15 天的库存量。所以 Amazon 资金的周转速度是有形书店的 8 倍。而且 Amazon 能够收到用信用支付的即时付款，这笔无息资金能供它用上一个月左右。1998 年，仅这笔无息资金就已超过 2500 万美元。出现这样一种差别的原因在于：技术上的优势使得 Amazon 采用一种节省资金成本商业模式成为可能。第二个原因：股票上市为其募集到资金并提高其知名度。1997 年 5 月 15 日，Amazon 公司在 NASDAQ 上市，上市价为 124 美元。拆股后，7 月 6 日又涨到每股 139.5 美元，即使在 1998 年 11 月 30 日因特网股票暴跌之后，Amazon 股票仍以每股 209 美元成交。12 月 18 日，Amazon 股份再次拆股。目前 Amazon 的市场价值已达 111 亿美元，是 Barnes&Nobel 市场价值的 6 倍。一路飙升的股价不但为 Amazon 提供了充足的资金来源，而且这种高高在上的股票价值也为 Amazon 获得更多随之而来的机会提供了支持。在线网络 CNET 公司的首席执行官哈尔西·迈纳说："它的最大优势就是很多买他股票的人会买他的书。"

四、发展前景

目前，Amazon 雄心勃勃的扩张计划已远远超出了图书的范围，1998 年 11 月 17 日，其首次开办了一家音像商店，并扩大了一家礼品店的规模。截至 1997 年 9 月，Amazon 的音乐激光唱片的销售额就高达 1440 万美元，迅速取代了业已经营两年之久的在线销售领头公司 CDnow。1998 年 8 月，Bezos 又花了 2.7 亿美元收购了两家公司，这使得 Amazon 更坚定地朝着一家购物服务公司而不仅仅是一家零售商的方向发展。Amazon 尽管取得了上述种种成功，但随着其进入每一个新的领域，它已不再具有那种至关重要的先入为主的优势。实际上，它可能选择进入的每一个角落中，都会遭遇地位稳固的、更大的竞争对手。1998 年 11 月，已经宣布了与其竞争对手 NZK 合并，其销售额由此翻了近一番的 CDnow 公司又与电影销售商 Rell.com、电脑商 Cyberian Outpost Etoys 及其他商家联手成立了一家称为购物者联络网（Shopper-Connection）的虚拟购物中心，顾客可以从一个单独的网址进入这些在线零售商中的任何一家。同年不久，同时拥有兰登书屋等数家出版公司的德国媒体巨头贝塔斯曼公司、Barnes&Nobel、图书分销商英格拉姆图书集团公司又接连实现重大并购重组。尽管如此，Amazon 在 1998 年第三季度的销售额仍高达 1.536 亿美元，比一年前上升了 60%，仍然以 11 倍的优势压倒了 Barnes&Nobel 的网上销售。即使 Amazon 离盈利目标还很远，但其基本经济意义表明，这位后起之秀有朝一日会更像是财大气粗的软件公司，而不是那些为赚取利润而疲于奔命的零售商。一旦 Amazon 拥有了足够的顾客，同时其销售收入又能偿付初期投入的营销及技术开发费用，而且这项技术使劳动力成本下降并产生效益时，Amazon 将是前途无量的。现在 Amazon 的产品种类已经扩大至音像光盘、录像带、化妆品、宠物用品及杂货等，并提供拍卖及问候卡片服务，它努力成为全球最大的网上零售商。

五、亚马逊书店的营销策略

1. 产品策略

亚马逊书店根据所售商品的种类不同，分为几大类，如书籍（BOOK）、音乐（MUSIC）、影视产品（VIDEO）、电子产品（ELECTRONICS）、网络游戏（TOYS&GAMES）、家用品（KITCHEN&HOUSEWARES）等。每一类都设置了专门的页面，同时，在各个页面中也很容易看到其他几个页面的内容和消息，它将书店中不同的商品进行分类，并对不同的电子商品实行不同的营销对策和促销手段。

2. 定价策略

亚马逊书店采用了折扣价格策略。所谓折扣策略是指企业为了刺激消费者增加购买在商品原价格上给以一定的回扣。它通过扩大销量来弥补折扣费用和增加利润。亚马逊书店对大多数商品都给予了相当数量的折扣。

3. 促销策略

常见的促销方式，也即企业与顾客及公众沟通的工具主要有四种。它们分别是广告、人员推销、公共关系和营业推广。在亚马逊书店的网页中，除了人员推销外，其余部分都有体现。

六、盈利主要来源

（1）广告收入及信息增值服务收费。
（2）电子商务销售利润。
（3）借贷。
（4）风险资金。
（5）上市融资。

七、亚马逊特色

（1）与众不同的经营方式。
（2）独具特色的营销模式。
（3）非传统方式的竞争战略。
（4）独特的融资和资本运营方式。

八、亚马逊成功的启发

（1）网络公司是可以通过网上销售获利的，但不是销售所有商品都能做到这一点，只是部分精心选择的商品。
（2）这种商品最好是体积小、重量轻但价值相对高的商品，这样可以减少运输的成本。
（3）不要经营有时间限制的商品，不要做等米下锅这样的生意，实际上，那根本不是网络公司的强项。

(4) 不要试图介入传统行业,那也不是网络公司的特长。

(5) 不要单纯使用低物价来吸引客户。

(6) 个性化。

(7) 经营垄断性商品,比如独家代理商品。

(8) 尽可能给商品增加附加值。

资料来源:亚马逊书店无疑是电子商务发展的里程碑,豆丁网,http://www.docin.com/p-261315042.html. 2013-11-12

问题

1. 亚马逊作为电子商务发展的里程碑,它的产生所包含的社会意义是什么?

2. 亚马逊在发展过程中,显示出了其独具特色的地方,其与当前主流电子商务网站对比,特点主要是什么?

3. 亚马逊的盈利模式主要是什么?

案例 10 橡果国际的商业智能应用

一、项目背景介绍

橡果国际是主要从事商品零售、产品研发、生产、营销策划等业务的大型技工贸一体化企业。公司以电视、网络等多种媒体为推广手段，以计算机信息管理系统为辅助工具，成功创立起多媒体的商业推广平台。

随着集团经营规模的不断扩大，信息化的建设也在不断深入，橡果国际经过6年的系统积累，拥有了大量的业务数据，已经成为数据管理的瓶颈，解决数据瓶颈是橡果国际迫在眉睫的挑战。

二、项目需求分析

目前整体信息化建设存在"三不一没有"的问题。

1. 业务语言不统一

各系统和各部门存在不同的定义理解方式。

2. 业务指标不统一

各系统和各部门统计汇总的指标存在差异。

3. 业务维度不统一

各系统和各部门对事件的评价角度缺乏共识。

4. 信息没有整体规划

信息化整体规划没有进行。

三、系统建设目标

（1）保留历史数据，积累公司重要的"财富"。

（2）媒体分析的机器计算，使得媒体分析的基础数据实现计算机自动化处理。

（3）计划分析人员可以看到每个计划播出的实际反馈情况，使之对后续的计划调整有更有力的依据可循。

（4）在号码资源丰富的前提下，采购更多的设备后，可以使得计划人员下达的计划直接传递到节目制作人员，实现精确操作。

（5）第三方公司的服务数据可以同公司的数据更紧密结合，从而计划分析人员可以作更细致、更深入的研究。

（6）省去数据分析人员大量的数据挖掘时间，专注于数据结果的分析。

四、系统实施

2007年9月，ADM（汉端科技）根据自己多年的BI行业经验，针对这些问题提出了解决方案。ADM提供的BI系统项目的实施，可以提供最有力的数据挖掘、信息分析整理、数据管理等解决方案，帮助项目单位梳理和制定完善的报表体系，制定具有竞争力的分析模式和模型，充分利用现有信息资源，让各个业务部门实现销售、产品规划、财务、库存等核心业务的辅助决策。

资料来源：橡果国际，阿里云咨询，http：//www.aliyun.com/zixun/aggregation/7697.html.2014-03-15

问答

1. 如何理解商业智能的概念？
2. 橡果国际实施商业智能是希望解决什么问题？
3. 如何理解商业智能的生命周期？

案例11　广州白云电器设备厂建设CIMS

一、企业面临的问题

随着CAD应用的深入，企业的数据资源和生产经验不断增加和丰富，原先简单的、处于甩图板水平的CAD及手工管理模式已经很难满足需求，并出现一列问题，具体体现在以下十个方面。

（1）CAD仅仅是起着电子图板的作用或作为高级设计分析工具，很难实现并行设计。

（2）设计资源各自为政、产品数据混乱、设计标准不统一或资料不全。

（3）没有统一的工作环境，产品设计部门无法及时得到必要的资源。

（4）缺少产品开发项目进度控制和工作监控。

（5）信息的查询检索存在很大的困难。

（6）大量、独立的电子数据形成"数据孤岛"，维护困难，降低了工作效率。

（7）信息流动不畅导致设计更改或变形设计频繁。

（8）设计信息的正确、及时传输有较大的困难。

（9）MRPⅡ与CAD会出现不协调，生产过程的众多环节有待简化和优化。

（10）由于基础数据的缺乏，无法做到工资、人事、财务、成本管理与控制的科学定量化等。

经过多方调研后，白云厂选择了北京艾克斯特公司作为自己的服务供应商来帮助实施CIMS系统工程来解决这些问题。

二、解决方案

艾克斯特技术人员经过对白云厂进行详细的调查研究和分析以后认为：白云厂的CIMS必须要覆盖产品的全生命周期的管理，需要的是一个CAX/CAPP/PDM/ERP整体解决方案。其中，CAX（CAD/CAM/CAE）系统用于产品的设计和分析；PDM系统要延伸到对产品全生命周期数据和过程的管理；ERP系统用于对企业人财物信息等资源的管理，从而，整个CIMS要实现设计分析、产品数据、生产资源等信息的高效无缝的集成管理。

整个系统按照单一数据源的模式进行设计，以XTPDM为主来集成管理设计、工程和工艺信息，并与ERP系统共享相关数据，并对各部门的工作流程进行了优化重组，具体表现如下。

（1）以项目管理、设计过程管理为主体的产品开发流程。以技术部开发科为整个企业设计资源管理的源头，按照项目方式对新品设计进行组织管理，项目负责人可以监控项目进度并及时调整，实现真正意义上的"资源共享"和"协同工作"。

（2）自动、快速的产品资源集成管理流程。正式的图纸信息可以自动地组成企业的设计资源库，作为整个信息集成管理的数据基础，并能方便地进行管理，保证了数据的完整、安全和一致性。

（3）以工程配置为主的施工单编制流程。利用 XTBOM 系统可以快速方便地将符合客户需求的工程产品配置出来，并且随着不断积累丰富，配置工作会越来越趋向标准化、模块化。同时，配置结果可输出为 BOM 来满足 ERP 排程所需要。

（4）基于统一产品数据源的工艺设计流程。在 XTPDM 管理的产品资源基础上，工艺人员可利用 XTCAPP 系统进行新零部件图纸的工艺卡片及工艺路线设计。

（5）实现整个企业信息的 CIMS 系统集成。

三、实施

白云厂与艾克斯特等多方组成专门的实施小组来着手实施工作。经过细致精心的前期调研和分析，结合白云厂的实际应用现状，CIMS 实施小组将实施工作具体地分为以下七个主要方面，分阶段地逐步推进和实施。

（1）推进 CAD 绘图系统平台的统一及数据的规范整理，为 PDM 系统实施打好基础。

（2）实施 CAX 系统的集成，实现 CAD/CAM 一体化。

（3）推行计算机辅助工艺（CAPP），实现工艺设计的规范化、自动化。

（4）实施产品结构树（含系列产品）的管理，作为 PDM 系统实施的前期工作。

（5）实现以企业资源规划（ERP）系统为核心的信息管理。

（6）以 PDM 和 ERP 为基础，实施 CAX/CAPP/PDM/ERP 的系统集成。

（7）基于全厂的 Intranet 平台，实现工程信息发布和工程变更处理的电子信息化。

经过实施小组的努力，2000 年 9 月白云厂的 CIMS 顺利地通过了由国家 863 计划 CIMS 主题专家组专家与广东省 863 计划 CIMS 专家组专家联合组成的项目验收小组的验收检查，并被评为国家级示范企业，2002 年 6 月该项目又被科技部评为国家级科技进步二等奖。

四、应用效果

白云厂 CIMS 项目总投资包括软硬件及系统实施，约为 450 万元，实施后取得以下效果。

第一，企业彻底摆脱了手工管理图档的混乱局面，实现了数据的有效管理，使得产品设计开发效率大大提高。

第二，工程科利用 XTBOM 产品配置子系统可以实现快速按客户要求进行工程配置和输出施工单，大大缩短了技术准备时间。

第三，开发过程中，在系统中实现产品立项、项目分解、分派任务、接受任务、监督项目进程及质量，做到真正"有效、可控"地进行新品开发。

第四，工艺部门能充分利用设计和生产部门的相关数据，从而方便、快速地进行工艺设计及工时定额的报表统计。

第五，生产部门应用 ERP 系统进行合理的、自动的生产计划安排等，由定性管理转变为定量管理，由调度制管理转变为计划制管理、由单一的职能式管理转变为资源式管理。

第六，产品订单通过应用 ERP 系统而得到了最及时的响应，实现了由调度制管理转变为计划制管理。

此外，白云厂通过实施 CIMS，提高了员工的整体素质和企业的管理水平，促进了企业的技术进步，增强了企业的竞争力和持续发展的后劲，为企业长远发展奠定了基础。

资料来源：广州白云电器设备厂 CIMS 应用案例介绍，畅享网，http://www.vsharing.com/k/ERP/2002-8/449158.html. 2002-08-16

问题

1. 什么是 CIMS？
2. 通过本案例，你认为制造企业在实施 CIMS 过程中应注重什么？
3. 通过本案例，你认为制造企业信息化能给企业的生存和发展带来什么？

案例 12　集成化的财务信息管理

《贵州日报》是中共贵州省委机关报，创刊于 1949 年 11 月 28 日。2004 年 11 月 28 日，经中共中央宣传部同意，国家新闻出版总署批准成立的贵州省首家报业集团——贵州日报报业集团宣告成立。目前，集团已形成了以《贵州日报》为旗舰的七报（《贵州日报》、《贵州都市报》、《贵州商报》、《西部开发报》、《经济信息时报》、《新报》、《天下文摘》）、一刊（《新闻窗》）、一网站（金黔在线）格局。广告收入超亿元，报纸发行量节节攀升，成为贵州报业市场上最具影响力的传媒集团。

随着企业的市场化发展，我们的企业已经发生了巨大的变化，直接融入了经济全球化和信息化的大市场，企业也由原来的单体企业发展到了集团时代，传统的管理模式已不能适应公司发展的需要，信息反应的滞后，物流、信息流、资金流的不同步，基础管理的薄弱等，严重阻碍了公司对企业资源的充分利用和对市场反应速度的提高。狠抓企业信息化建设、全面提升企业管理水平、提高企业竞争力、适应这一经济信息化和全球化的挑战，已成为公司总体发展战略的重要组成部分。

随着企业发展壮大，企业组织架构改变，原贵州日报社，现发展为贵州日报报业集团；原来各业务部门现改为独立核算子公司，这就要求企业需要通过 EAS 来进行集团管控，且贵州日报报业集团从自身的管理出发，决定提高资金的集团管控，实现资金的统收统支，并建立一套企业的全面预算体系。

应用系统为金蝶 EAS，应用模块有财务会计（总账管理、报表管理、出纳管理、应收款管理、应付款管理、现金流量表、合并报表）、资产管理（固定资产管理、低值易耗品管理）、资金管理（资金结算、利息管理）、管理会计（预算管理）、K/3 供应链管理（仓存管理、存货核算）、K/3 实际成本管理。

金蝶 EAS 的实施实现了企业在整个集团一套账的架构下，各分子单位独立核算、集团适时掌握分子单位的业务运营及费用成本的情况，为整个企业的决策提供一个及时准确的依据；实现了固定资产统一管理，解决因固定资产的所有权和使用权为不同主体的问题；解决了集团印刷厂的库存管理和成本核算脱节的难题，原本需要到下个月 10 号左右才能出具的成本报表，现在每月 1 号左右就能完成，大大提高了工作的效率；建立了完善的资金管理体系，通过成立结算中心实现了资金的统收统支，很大程度上提高了资金的使用合理性，有效地避免了资金在一些单位闲置浪费，而在集团内的其他单位因缺少资金而通过银行贷款保证经营而产生很多成本费用的情况。

金蝶 EAS 集团财务管控系统在企业的应用使得报业集团管理水平再次得到了全面的提升，达到了一个新的高度。报业集团拥有 EAS 集团管控系统后，又作好了向更高的管理水平冲击的准备。

资料来源：贵州日报报业集团 EAS 集团管控典型案例，百度文库，http://wenku.baidu.com/view/1155c0e981c758f5f61f6781.html. 2014-08-05

问题

1. 你是如何理解贵州日报报业集团的集成化财务管理的?
2. 财务信息化达到的目的是什么?
3. 你觉得推进财务信息化的过程需要注意哪些方面?

案例 13　企业网络营销

网络营销（on-line marketing 或 E-marketing）是以互联网为核心平台，以网络用户为中心，以市场需求和认知为导向，利用各种网络应用手段去达到企业营销目的一系列行为。其功能包括电子商务、企业展示、企业公关、品牌推广、产品推广、产品促销、活动推广、挖掘细分市场、项目招商等方面。

回顾一下几年前，贵阳涉足网络营销的企业是非常少的，而如今，进行网络营销的企业已经开始慢慢变多了，这些中小企业渐渐开始意识到进行网络营销是未来的趋势，尤其是近几年，大部分中小型企业都建立了自己的企业网站，并且进行了各式各样的网络营销。

在贵阳，随着信息技术的发展，尤其是近几年，大部分中小型企业都建立了自己的企业网站，并且进行了各式各样的网络营销，小部分中小企业通过互联网营销尝到了甜头，然而，大部分贵阳企业并未取得较好的效果，我们在下面说说到底是出现了什么情况导致贵阳网站建设的营销服务效果不是很好。

一、大部分贵阳企业对网络营销投入不大

大部分贵阳企业对网络营销投入不大，能够利用网络实现网络营销的企业比例则更小，不足企业总数的 5%。将近一半的中小企业网络营销用户每年的网络投入不足 8000 元。当很多企业投入了 8000 元以后，看不见持续的回报，就开始对网络营销可产生的效果持怀疑态度，发现没有回报，就不再投入了。没有持续进行网络营销，现在的贵阳企业的老板们肯定感觉这样的效果不好了。

二、网络营销不系统

很多贵阳中小企业的老板们在网站建设完毕以后，就以为网站有流量了，可以带来生意了，或者在贵阳论坛发发帖，就异想天开认为会有好的效果。这些都是不切实际的想法，网络营销也远远没有如此的简单。

三、贵阳网络营销缺乏计划性

贵阳企业生存竞争大，影响了它们的信息化迫切性。一些贵阳企业网络营销目的不明确，在进行网络营销之前对企业的自己的产品、目标人群没有明确的定位，同时贵阳企业选择与其他贵阳网站建设公司合作，将网络推广外包，但由于贵阳网站建设公司需要赚钱，这也导致很多贵阳网站建设公司不负责，效果不好，产生恶性循环，企业开展网络营销的积极性越来越低。

四、贵阳网络营销投入结构不合理

据有关资料显示，国外发达国家企业在网络推广上的投入可达到企业总投资的

35%以上,而贵阳企业大部分在网络上的投入不到企业投资推广的10%,反差很大,所以说觉得效果不好。

现阶段仍然是互联网高速发展的一年,贵阳的企业一定要抓住时机进行网络营销,在进行网络营销之前,贵阳企业一定要选择一家有担待的贵阳网站建设公司合作,这样,才能充分把握好互联网的浪潮,让企业产生更多的销售,带来更多的客户。大家一起努力吧。

问题

1. 请谈一下网络营销的优势?
2. 网络营销在贵阳应用发展面临的瓶颈有哪些?
3. 针对贵阳市中小企业,你觉得实施网络营销的可行性步骤是什么?

案例14　济南一中成功实现校园信息化

　　创建于1903年的山东省济南市第一中学（简称济南一中）是一所具有百年历史的省级重点高级中学，是山东省首批命名的规范化学校。济南一中建校百年来培养了成千上万名知识渊博、才华出众的优秀人才，在国际上也有一定声誉。作为百年老校，济南一中在中国教育事业发展的历程中，写下了浓浓的一笔。但是随着时代的发展，整个教育产业的环境发生了变化，如何保持百年老校的竞争力，在新时代下焕发新的活力成为济南一中校领导的一大心事。近年来，随着信息化的发展，济南一中深切感受到信息化是实现教育现代化的必经之路，信息技术进入校园是提升学校综合实力的必要条件，因此非常重视校园信息化的建设。

　　在济南市政府的牵头下，2006年，济南一中新校区改迁工程正式启动，2007年3月，济南一中搬进位于原山东省轻工学院的新校区。济南一中新校区是济南市教育系统整合全市教育资源的龙头项目，在新校区建设工程中，济南市政府和济南一中都将校园网和多媒体教学系统作为整个项目的重中之重，并由济南市原市长鲍志强亲自带领省内著名高校专家组督察实施。

　　济南一中的信息中心建设是以高等院校为标准的，除了作为多媒体教学系统的网络平台，还需要提供邮件接收、数据存储管理、计费网关管理及教学开发等功用，同时，还是与中国教育网和Internet网的唯一出口。如此繁多的任务，需要强大的运算能力和数据存储能力，不是几台计算机所能承担的，因此，济南一中明确提出选用高性能服务器作为校园网的硬件平台。要求软、硬件设备具有较高的运行效率、较快的响应速度、良好的兼容性和扩展性，硬件中服务器要求采用支持64位与32位兼容的处理器，并对服务器进行机群和负载均衡，要求比较严格。

　　经过对济南一中信息中心应用的深入调研，曙光公司的技术人员发现，济南一中虽然是一所中学，但是由于起点较高，其校园网建设不能按照传统的中学校园网络来作为参照，系统的搭建除了要满足高可靠性功能外，还应具有先进性、高性能、线性扩展等特性，能满足系统当前和未来业务持续发展的需求，以及高速增长的市场经济需求。因此，曙光公司提出了采用小型机和高性能服务器组成的机群方案为学校的信息中心提供动力，一卡通、电子邮件、教学开发等工作由不同的服务器分工实现，以此提高信息中心的工作效率和系统的稳定运行。

　　核心应用服务是济南一中校园网建设的重中之重，在数据库中将存放大量的教育教学软件资源、行政信息、办公信息等数据资料，这些信息将会通过Web服务器动态发布出去，各种用户可以通过浏览器或客户端软件来查询数据库中的信息，因此，需要系统能够长期稳定地运行。曙光在系统建设中采用了两台EP430天演二代小型机，组成双机热备份系统，当工作机出现异常，不能支持信息系统运营时，备份机主动接管工作机的工作，继续支持系统的运行，从而保证信息系统能够不断地运行。同时考虑到系统的扩展升级能力，EP430 天演二代小型机采用开放式 x86 架构设计，是性价比很高的应用级小型机，将高性能、高扩展性、大容量存储及高可靠性合为一体，完全胜任 64 位 SMP 的开发和测试、科学计算、后台数据库、后台存储等任务，为系统提供了出色的平滑升级能力。

济南一中信息中心由数据库、WEB/DNS、计费网关、邮件、邮件网关、VOD、教学开发、防病毒、FTP、备份/防火墙日志、电子图书、电子期刊服务器等应用组成，针对济南一中信息中心应用繁多的情况和对今后扩展性、安全性、易维护性和前期资金投入等方面的综合考虑，建设采用基于 IA 架构的机群模式，为每个应用都配置了单独的服务器系统，以此提升整个系统的应用效果。曙光公司在信息中心的系统建设中采用了曙光天阔 I450r-F 双路双核服务器和 R4280AD 四路双核服务器组成了济南一中信息中心的机群服务器系统，其中邮件、邮件网关、VOD、教学开发服务器等服务器采用曙光 R4280AD；WEB/DNS、计费网关、防病毒、FTP、备份/防火墙日志、电子图书、电子期刊服务器等服务器采用曙光天阔 I450r-F。除此之外，根据不同的应用特点，曙光公司还提供了针对性的解决方案，如教学视频播放、电子教学开发等，这些功用是多媒体教学的重要组成部分，对服务器的性能要求较高，同时需要巨大的存储空间，针对这一需求，曙光将服务器通过光纤通道接入 SAN 存储系统，并通过软件实现双机冗错功能，正常工作时分别对外提供 VOD 和教务服务，当一台服务器出现故障时，另一台服务器能够接管故障服务器上的任务对外提供服务。

值得一提的是，在整个系统建设中，数据存储系统的设计十分出色。本方案中采用了最新的 SAN 结构数据备份技术。使用了 DS8340 系列的产品作为网络存储系统的集中存储设备，支持在线扩容，保证数据完整性，减小系统宕机风险。向下兼容曙光现有的 2GB 光纤磁盘扩展柜，可以直接将 2GB 光纤扩展柜连接到 DS8340 控制器上，不必改变或重建任何配置或数据文件，实现"无缝的数据迁移"，很好保证了校园数据库的存储管理，为多媒体教学等提供了很好的支撑。

资料来源：曙光助力济南一中校园信息化建设，中关村在线，http://m.zol.com.cn/. 2007-07-20

问题

1. 什么是数据库及其数据库管理系统？
2. 根据该案例，列举济南一中校园信息化包含了哪些应用？
3. 通过该案例，你如何评价教育信息化？

案例15　顺丰速运公司呼叫中心

深圳市成兴业国际运输有限公司（顺丰速运）成立于1993年，目前已发展成为国内著名的快递企业，主要经营国际、国内快递业务及报关、报检、保险、货物监装与仓储等业务，为客户提供快捷、安全、准确、经济的快件服务。公司在全国范围内建立了庞大的信息采集、市场开发、物流配送、快件收派等速递、货运代理网络。

顺丰速运希望通过建设呼叫中心达到以下目的：受理客户的接单请求、查单服务、客户信息管理，从而提高企业经营效率并降低成本；使呼叫中心不仅是顺丰速运的业务接入平台，更是企业的生产系统，对利润的产生有直接的支持。2004年，顺丰速运委托 HOLLYCRM（合力金桥软件）公司为其用 HollyC6 呼叫中心解决方案部署其呼叫中心系统。

1. 业务功能

（1）自助下单、查单：利用 IVR 自动语音应答处理功能，提供 7×24 小时的自助服务。系统根据客户呼入主叫号码，或者电话键入的客户验证信息，到客户数据库中验证客户信息，验证成功后完成下单请求，并可随时提供按照运单号查询运单，大大节省了人工成本。

（2）人工下单：实现呼叫中心坐席代表协助客户人工下单、查询、转接的功能，一旦客户选择转接人工服务，系统可自动定位客户，并能直接下单，提高了坐席的工作效率。

（3）信息查询服务：实现呼叫中心坐席代表办理客户查询报价、路线、网点等功能，并能根据运单调度监控系统反馈的信息查询订单信息。

（4）投诉处理：实现客户投诉、意见处理、问题件处理功能，坐席代表可分类受理，并能按照系统工作流引擎定义的工作流程派发到全国对应的责任部门。

（5）电话录音系统：全程记录客户与坐席代表的通话，便于呼叫中心进行质量管理，以及产生业务纠纷时提供客观证明。

（6）传真应用：可实现客户自动索取传真，节省人工成本并提高服务质量；坐席代表可在线发送传真，实现无纸发送传真，节省时间并降低运营成本。

（7）外拨应用：实现客户回访、满意度调查，支持人工问卷调查和系统自动外拨预览式问卷调查功能，改善纸质形式的调查，减少运营成本的同时便于管理。

2. 系统特色及效益

（1）提高了话务承受量及接通率：话务承接量比未上 HollyC6 呼叫中心系统提高了75%，接通率也提高了50%，从而大大增加了呼叫中心的利润产出。

①统一的服务窗口：通过电话、传真、电子邮件、语音留言等多种渠道均可以为客户提供统一的服务，使得一站式的服务与支持真正加强销售管理，实现订购电话唯

一、订单处理统一；②强大的呼叫中心应用：良好的语音导航服务、提高服务质量；由 IVR 提供的自助下单、自助查单服务，节省了人工成本；电话接入后可自动定位客户，提高了坐席的工作效率；可实现客户自动索取传真，节省人工成本并提高服务质量；坐席可在线发送传真，实现无纸发送传真，节省时间并降低运营成本；增加了外拨调查问卷系统从而可提高客户满意度。

（2）完善的后台业务整合功能：与其他应用系统（订单管理、财务管理、运输管理）的集成，可以实现前、后台的数据共享，从而保障公司资金流、物流、信息流的统一。

（3）坚实的 CRM 数据基础：呼叫中心系统完整保留了"客户信息"和"服务记录"，以 CRM 理念业务建模的方式提供给企业丰富的统计报表数据支持运营管理，并支持企业以此为基础建设 CRM 经营分析系统。

3. 呼叫中心提升物流企业竞争力

呼叫中心将会为物流企业带来如下竞争力的提升。

（1）成本竞争力：精细化管理的思路呼唤企业重视客户资源和信息资源。

（2）质量竞争力：统一于产业标准、服务水平，唯有"客户服务"才是相对持久稳定的优势。①提供基本服务；②确保可靠性；③倾听你的顾客；④倾听你的客户服务人员；⑤积极解决客户的问题；⑥给顾客惊喜。

（3）速度的竞争力：信息时代数据的及时、高效利用推动企业加速度发展。

（4）创新的竞争力：呼叫中心成为客户与物流企业之间沟通的窗口，为物流企业带来创新的源泉。

成本、质量、速度和创新，构成了物流企业信息化时代的"竞争优势"，而呼叫中心（客户互动中心）赋予了物流企业管理竞争优势的新理念。

附：物流行业信息化水平现状

（1）大约 70% 的大中型物流企业都建立了自己的信息管理系统和宣传网站，但是电子商务平台的建设相对还是很少。

（2）信息系统功能还主要集中在内部资源整合上，如已经建立的仓储管理、财务管理、运输管理和订单管理等，这些功能还局限在物流企业信息化建设的第一层次。而物流的核心是服务，与用户的关系、对客户的管理日益成为物流企业生存发展的关键因素，所以 CRM 的建设需要开始重点考虑。

（3）在提高效率和规范管理方面，物流信息化建设也开始考虑，除了整合内部资源，还要和客户的信息系统对接，形成以供应链为基础的、高效、快捷、便利的联络和信息传递平台，这样，呼叫中心和 Internet 等网络通信技术就成为信息联络的支撑手段。

资料来源：顺丰速运公司呼叫中心如何服务物流信息化，全国物流信息网，http://www.56888.net/news/. 2011-09-26

问题

1. 什么是 CRM（客户关系管理）？
2. 你认为呼叫中心给顺丰速运公司带来了什么竞争优势？
3. 你如何理解呼叫中心在物流信息化中的作用和地位？

案例16　信息系统建设的IT规划

南华集团股份有限公司成立于2000年，成立之初是以食品加工为主导产业的国有控股公司。经过几年的发展壮大，旗下汇集了食品生产加工、超市、汽车等企业30多家，成为多元化经营的集团企业，资产规模达到500亿元。2008年全球经济危机中，CEO洪剑保持着冷静的头脑，他拿着各种业务报表，看到各种销售数据和经营业绩都在下滑，而成本竟居高不下。他深知，几年间公司趁着经济膨胀之机，进行着大规模的投资和并购，尤其是汽车业务的丰厚利润掩盖了企业内部管理上存在的问题。经济危机的另一面是经济的理性回归，企业的发展除了依靠市场外，更重要的是自身管理的完善。因此，此时正是苦练内功、优化企业管控模式、提升管理手段的好时机，等待经济"破冰"之时，企业才能启动强劲的引擎快速前进。

洪剑做事历来是雷厉风行，发现企业现存问题，思考完毕，他立即通知各部门主管和下属企业总经理召开一个临时会议，探讨企业提升自身管理的突破口究竟在哪里。集团所属汽车公司总经理肖利是个心直口快的人，他首先发言："我认为汽车公司面临的最大问题是钢材价格的大幅上升带来的成本压力。同时核心技术相对落后、劳动力成本日渐上升也是制约公司发展的瓶颈。因此我认为应该发挥集团企业的优势，建立统一的平台，将采购、品牌、技术、质量、服务等环节整合起来，形成统一的合力，这样也是提高效率和降低成本的好办法。""对，在我们超市，成本控制也是一个难题"，天一超市总经理贾莹紧接着发言，"目前状况是手工统计，要细化到每一个网点的成本，感觉已无法进行。另外还有很多大宗批发的客户资料也在流失，供应商管理和库存管理不到位，这些关键是信息系统跟不上的缘故。"提到信息系统，财务部总监李洁深有感触地说："资金是集团本部和下属公司的交叉点，现在抵消起来很麻烦，计息对账时间很长，对账一次需要两个人花一两个星期。另外目前集团所属企业跨不同的行业，财务科目体系都不同，每次合并财务报表靠手工相当麻烦。同时资金管理很滞后，目前只能做到集团本部每周两次的资金报表上报，而对于下属企业的资金状况做不到统筹管理，如果对汽车公司做到资金日报，就可以进行比较好的资金管理和成本控制了。""我们的成本数据与财务的成本数据统计口径是不一样的，又没有有效的IT系统作支撑，全靠手工来核对，这对企管部来讲是个较大的制约。"企管部总监王总说："同时，还有合同相关数据跟项目文件、收入数据对不上的问题。还有我要提醒大家一点，那就是管控对不同层级的分子公司或不同行业公司的力度应该是不一样的，在这方面需要我们作认真的研究和规划。""说得好。"人力资源部总监接着说，"在南华的发展历程中，曾经有段时间管控比较好，下属20多个食品生产和加工分公司，每家公司的管理现状都可以把握到末端，现在下属公司包含的类型增多，下属各公司都是独立的法人，集团总部影响分子公司的管控力度只能根据不同的管理需求而定。"说到集团管控的问题，审计部的刘总也打开了话匣子："从审计的角度看，现在最大的问题是对实体公司的情况不了解，仅仅从每年一次的报表上看难以发现问题。财务报表也容易被粉饰。因此我们需要审计系统对项目进行跟进审计。然而，现在南华的现状是集团本部和下属各分公司的信息系统分离，尤其实体的系统比较原始，我们应该结合刚刚通过的 ISO 9001 业务流程标准化认证这一时机，加强信息化建设，解决集团与下属公司信息不对称的问题，实现有效的监督机制。"大家你一言我一语，似乎都将问题的矛头指向了集团企业的 IT 建设。作为 CIO 的飞雪明白：企业的 IT 现状还很落后，无法适应企业规模不断扩大和业务不断复杂化的需求，这是问题的关键所在。此时，他再也不能保持沉默，略显激动地说："大家反映的这些问题，说明了改造、更新集团信息系统的需求是很大的，我们集团现在的情况是有 OA 系统，财务管理软件，下属食品生产加工、超市、汽车企业使用各自不同的软件，系统之间彼此独立，数据之间无法传递，系统使用也不充分。我建议建立一个统一的信息系统平台，将各系统进行整合，实现内部工作流程的协同。""好！"CEO 洪剑拍手叫好，"听了大家的发言，让我深感无论是成本管理、资金管理还是审计，在集团企业规模扩张到一定程度时，没有一个有效协同的 IT 系统作支撑，都是纸上谈兵，也就是说要让集团管控的理念有效地落地，我们现在必须要在信息系统上作出努力了！飞雪，你回去尽快给我拿出一个 IT 建设的方案来，我们再进行下一步讨论！散会！"飞雪意识到，他接到的这一任务是一项巨大的系统工程，不是他一人可以在短时间内完成的，于是他进一步向洪总建议，请专业的咨询公司来帮助制定系统的 IT 规划方案……

资料来源：IT 之路规划在何方案例分析，豆丁网，http://www.docin.com/p-336785734.html. 2012-02-06

问题

1. 仔细分析集团整体的现状，列出出现的问题。
2. 列举 IT 规划的常用方法及思想。
3. 500 字范围内说明由本案例得到的启示。

案例17 信息系统整体项目管理

项目的整体管理在项目管理的9个知识领域中处于核心位置，其功效就是整合其他8个知识领域。项目经理则要起到关键性的组织、协调与管理作用，然而这并非易事，许多IT项目经理在做项目时总感觉需要协调各种各样的资源，然而又似乎无从下手，一些事情好像身不由己，无法控制。

项目整体管理是围绕项目管理计划的制订、执行和控制进行的，通过项目资源的整合，将项目所有的组成要素在恰当的时间、正确的地方，与合适的人物结合在一起，以成功地完成项目。

按照PMBOK 2004中的定义，项目整体管理的过程包括制定项目章程、制定项目初步范围说明书、制订项目管理计划、指导和管理项目执行、监督和控制项目工作、整体变更控制和项目收尾。

集团下属信息技术有限公司新接到一个有关电子政务公文流转系统的软件项目，王工作为公司派出的项目经理，带领项目组开始进行项目的研发工作。

王工以前是一名老技术人员，从事Java开发多年，是个技术扎实而又细心的老工程师。在项目的初期，王工制订了非常详细的项目计划，项目组人员的工作都被排得满满的，为加快项目的进度，王工制订项目计划后即分发到项目组成员手中开始实施。然而，随着项目的进展，由于项目需求不断变更，项目组人员也有所更换，项目组已经没有再按照计划来进行工作，大家都是在当天早上才安排当天的工作事项，王工每天都要被工作安排搞得焦头烂额，项目开始出现混乱的局面。

项目组中的一名技术人员甚至在拿到项目计划的第一天就说："计划没有变化快，要计划有什么用。"然后只顾埋头编写自己手头的程序。

一边是客户在催着快点将项目完工，要尽快将系统投入生产；另一边是分公司管电子政务项目的张总在批评王工开发任务没有落实好……

资料来源：信息系统整体项目管理，豆丁网，http://www.docin.com/p-568553005.html. 2012-12-31

问题

1. 请用400字以内的文字，说明王工制订的项目计划应包括的主要内容。
2. 请用400字以内的文字，围绕项目计划说明王工在制订项目计划时出现的问题。
3. 如果你是王工，面对项目开始出现混乱局面的情况，应当如何处理？

案例 18 A 公司信息化建设的问题出在哪里

A 企业属于制造型企业，不仅生产自有产品，而且承接其他企业的外协件生产。几年前，已相继建立起 MPR Ⅱ 系统，产品设计部使用 CAD、CAPP 与 PDM 系统，极大地提高了工作效率和质量。

A 企业最高决策者是张总裁。B 企业是 A 企业强有力的竞争对手。

关于 A 公司信息化建设状况的描述如下。

日历上写的是星期四，但对于张总裁，这天更像是另一个星期一。每天看起来都像是星期一。因为，从每个星期一的市场情报资料上，张总裁了解到 B 公司逐步在销售上超过了他们，盈利渐涨，张总裁感到竞争的紧迫感和焦虑，这种紧迫感和焦虑不仅来自外部，而且公司内部也存在很大问题。不管他说什么做什么，他的公司仍在不停地出现各种各样的错误。大到付出昂贵代价，小到让人讨厌，还有一切不大又不小的错误，它们正在缓慢地但又非常有效地扼杀制约着公司的发展，错误不是由别有用心的人故意制造出来损害公司的，那么问题出在哪了？

就在上个月，他们最重要的一个客户对产品规格的要求发生了变动，但是最后满足变动需求的产品没有及时送发货部门，使得货物的集中、装箱、上船的一系列行动无法按时进行，于是他们把另一个不太重要的客户预定的产品用飞机送到该重要客户处，尽管这样，还是比预定的到货期迟了（当然那个不太重要的客户也没有按时收到预定的产品）。尽管他们做了种种的努力（甚至船运改为航运），但这个重要的客户并没有感谢他们，只是对 A 公司的销售人员说：他们不能再容忍这种错误了。

一个顾客开始越来越延迟付款，信用部门经理决定先押下他的所有订单。尽管信用部经理已经告诉了发货部领班扣押下那个顾客的所有订单，不幸的是，当时这个领班正在休两星期的假，发货部发货员将该客户的订单集中、检验并发给顾客。一周后这个拖欠付款的顾客宣布破产了。但当张总裁对着发货人发火的时候，发货部领班反驳说：仅仅一周前，你告诉过我们要确保货物按时发出，我正是照你说的做。自从那次激烈的讨论后，发货部门总被一种愤怒、委屈的沉寂包围着。销售人员完成了他们的销售计划，但公司的利润还在持续下滑。

面对市场竞争环境，下游客户从自身业务出发对供应链上游成员，提出了新的要求，他们需要建立更紧密的联系，以节约投产准备阶段时间和费用。例如，下游客户希望供应伙伴——A 公司的工程师，能参与他们的设计过程，利用电子手段，实现双方采购信息系统和销售信息系统的信息对接、实时交换和查询产品设计的相关技术文件。他们希望接到自己的订单时，只需"按一下鼠标按键"就可把订单实施计划直接变成原材料计划，通过跨组织的网络系统传递和纳入 A 公司的生产制造系统和托运计划。但是 A 公司无法满足上述要求，导致下游客户的原材料短缺，A 公司也经常因运载体积不够而大伤脑筋。就在两周前，为了按期交货，A 公司刚刚航空托运了一批货给一个客户。这件事源于船运时遇到的运载空间问题。更早一周，是由一个 A 公司的主要供应商引起的，再早两周前……总是有各种各样的原因造成了一次又一次的损失。

A 公司现在使用的 MRP Ⅱ 系统，假设前提是供应商都能够按照约定无条件供货，而且不得更改。实际操作时，往往存在供应商有条件改动的可能。即使供应商做到无条件供货，A 公司的管理者们也没有足够的时间和能力来应付大量的改变的约定，他们也没有合适的信息处理系统来支持他们调整生产计划。

三个月以前，张总裁和他的所有管理层职员一起用两天时间召开了关于企业销售策略实施计划的决策会议，这个会议非常成功，至少他们是这样说的。但是这些实施计划并没有被贯彻到日常的决策和销售运作中。这种现象早年也发生过。因为，张总裁不肯定管理人员作出的那些决策是最佳的，他感到那些高层职员，包括他自己都不能获得较全面的市场与营销方面的细节层次数据的支持。例如，他的销售人员每隔一段时间就会发现有一个减价销售大量商品的机会，A 公司应该接受这个价格吗？

原材料采购部经理正试图说服 A 公司实施他们制订的"减少计划"，即减少投产准备时间，减少存货。这听起来似乎是有前途的，但积压的存货并不能如他们所愿的减少，况且，经理还需要对操作工作中决策过程与规则作必要的改变。

A 公司承接其他制造企业的定制产品订单任务时，销售人员必须不停地向 A 公司办公室汇报很多各种各样的产品报价单，因为那些专业的规格资料实在是多得数不胜数。客户们反映 B 公司（A 公司的竞争对手）的销售员就可以把报价单放在客户的办公室上，并且邀请客户上网连接到他们的主机，实现在线实时的报价和订单合同洽谈。

A 公司的售后服务是相对独立的一套业务系统，通过公司计算机网络系统，售后服务人员可以使用常用的自行研制的软件工具，从数据库中直接调用资料，获取关于产品数据及技术资料，服务维修咨询和指导。当他们更换了一个由 A 公司的供应商处得到的配件时，他们也试图从供应商那里得到支持。但是，不论是售后服务系统，还是 MRP Ⅱ 系统都没有记录和保存这些信息，而且，当外出服务工程师在外面修理一台机器时，售后服务系统并不能给出该客户的一张完整清晰的合同订单，无法清楚提供哪些更换部分是客户质量保证书或服务协议涵盖的，哪些不是。

对于 A 公司的工程设计部门负责产品开发设计，产品数据管理系统（PDM）和 MRP Ⅱ 系统用的都是一样的重要信息系统，但它们不是集成的，所以工程师必须把 PDM 系统的产品数据的变化人工输到 MRP Ⅱ 系统中，以保证它们的同步性、数据的一致性。产品的设计过程，从产品概念构思到产品上市，需要 9~12 个月的时间。

市场部本来应能提供关于新产品开发的创意思想，尽管他们基本没有能力也不必要按工程设计规范要求进行描述。但当设计工程师开始设计新产品时，市场部门却不能直接十分清楚表述市场、客户真正需要的具体细节数据和信息。所以工程师只是在那些已掌握的数据信息基础上尽量发挥。

A公司相当大的一部分不断增长的商业机会，需要更多资深工程师的努力，而不是简单体力劳动力，公司的优良业绩必须体现在财务利润报表上，但A公司已经连续三年利润滑坡了，因此它不得不解雇了一大批工程师，其他的一些工程师也纷纷跳槽，使得A公司失去了更多的有丰厚利润的商业机会，这远比节省的劳动力费用高得多。

总而言之，A公司和许多其他制造公司一样，高层决策者们必须在低效率、缺少活力的公司和高效率、充满活力的公司之间作出果断的战略决策和信息系统的规划。

资料来源：A公司信息化建设的问题出在哪里？道客巴巴，http://www.doc88.com/p-315622006701.html. 2012-09-14

问题

1. 分析整理A企业的管理业务流程中存在的问题。
2. A企业的信息系统建设正处于哪个阶段？
3. 你对A企业目前如何有效地进行信息系统的选择有什么建议？

案例 19　伦敦路透社信息产品的市场显示系统

伦敦路透社 70% 的收入来源于出售他们国际新闻及金融信息等信息产品。这些产品是通过它的市场显示系统向用户展示的。为改进市场显示系统的可用性，使其能更容易、更方便地满足顾客的要求，路透社让加里森负责一个最高优先权的项目，任务是改进显示系统的用户界面。为此，加里森去组建了"可用性小组"。这实际上是一个"虚拟小组"，除包括加里森及三名路透社成员之外，还包括一些有关的技术公司，如交互图形公司、微软公司的代表。该组还与 500 多名专家保持联系，其中一位是"符号学专家"，专门负责把计算机的动作翻译成像 Windows 的图标那样的一些符号。该小组并不通过市场调查，去问顾客想要一些什么，而是在他们建立的"可用性实验室"中观察客户们怎样利用路透社的显示系统查找他们想要的信息产品。

可用性实验室有两个房间，一个给用户们用。用户在路透社助理人员的伴随下完成一系列应用系统的实验。另一间房间被玻璃隔成一些小间，各放有一台显示器，显示内容与用户屏幕上的内容相同并用可视信号或者是内部通信系统与用户保持联系实验时，要求客户完成一系列的操作。例如，可以要求用户去查询某只股票的价格，画出它在一定期间内的走势图，找出一些相关的消息和公司的财务数据。随着用户的操作，可用性小组的人员就在监视器上观察用户在什么地方发生问题，测试出完成每项操作的时间，留意引起用户工作中断的过程。用户操作过程还被录像，从录像带上能够更精确地测量所用的时间。该实验室每个月能完成 100 个用户的 3~4 项主要测试。实验室还要去了解路透社服务机构接听的用户求助电话，将用户求助问题分为四类，录入数据库并进行统计分析，找出用户遇到的主要问题并设法改进。例如，1994 年 4 月有 34% 的电话是有关 RT 工作站反映出的可用性问题的，进一步分析表明 28% 的电话是关于报价单问题的，于是路透社就将报价单在工作站上的显示形式进行了改进。

可用性小组最后制定了一系列规范，要求所有路透社开发小组开发的软件产品都要经过可用性小组的审查，相同的功能要用相同的图标，图标也必须在可用性小组开发的一系列标准图标集中选用。这些图标，开发小组可以在网络上得到。

资料来源：伦敦路透社信息产品的市场显示系统，道客巴巴，http://www.doc88.com/p-315622006701.html，2012-09-14

问题

1. 可用性实验室为路透社解决了什么问题？
2. 说明上述系统采用了什么开发方法，该方法的基本思想和基本步骤有哪些？
3. 常用的信息系统开发方法有哪些，这些方法分别具有哪些优缺点，分别适用于哪些场合？